HONDA KEISUKE

サッカー日本代表エース

# 本田圭佑
# 守護霊インタビュー

心の力で
未来を勝ち取れ！

大川隆法
Ryuho Okawa

# まえがき

いま、サッカーワールドカップ開幕直前である。各種マスコミも続々ブラジル入りを始めている。安倍首相もベスト4に入ったらジェット機に飛び乗る準備をしているそうだ。

本書も本田圭佑《けいすけ》選手の誕生日にして、ワールドカップ開幕の六月十三日に緊急発刊できるように、私共も徹夜態勢で制作している。ブラジルで本田選手の手元に届き、日本快進撃のカンフル剤になればと願っている。日本チームの司令塔に神秘的な力を与えるのが私の仕事かと思っている。「神風」を吹かせるつもりで守護霊インタビューを敢行《かんこう》した。

しかし、本書にはそれ以上の意味もある。いわば日本人全体に精神棒を入れる役割を果たすと思うのだ。

本当の意味で神秘的な本田語録が新しくできたと思う。多くの人々の座右の書となれば幸いである。

二〇一四年　六月十一日

幸福《こうふく》の科学《かがく》グループ創始者兼総裁《そうししゃけんそうさい》　大川隆法《おおかわりゅうほう》

サッカー日本代表エース　本田圭佑守護霊インタビュー　目次

# サッカー日本代表エース 本田圭佑守護霊《ほんだけいすけしゅごれい》インタビュー

## ――心の力で未来を勝ち取れ！――

二〇一四年六月十日　収録
東京都・幸福の科学総合本部にて

## 9

## 「俺はサッカー界のソクラテス」　135

「霊言現象《れいげん》」とは、あの世の霊存在の言葉を語り下ろす現象のことをいう。これは高度な悟《さと》りを開いた者に特有のものであり、「霊媒現象《れいばい》」（トランス状態になって意識を失い、霊が一方的にしゃべる現象）とは異なる。外国人霊の霊言の場合には、霊言現象を行う者の言語中枢《ちゅうすう》から、必要な言葉を選び出し、日本語で語ることも可能である。

また、人間の魂《たましい》は原則として六人のグループからなり、あの世に残っている「魂の兄弟」の一人が守護霊《しゅごれい》を務めている。つまり、守護霊は、実は自分自身の魂の一部である。したがって、「守護霊の霊言」とは、いわば本人の潜在《せんざい》意識にアクセスしたものであり、その内容は、その人が潜在意識で考えていること（本心）と考えてよい。

なお、「霊言」は、あくまでも霊人の意見であり、幸福の科学グループとしての見解と矛盾《むじゅん》する内容を含《ふく》む場合がある点、付記しておきたい。

# サッカー日本代表エース
# 本《ほん》田《だ》圭《けい》佑《すけ》守《しゅ》護《ご》霊《れい》インタビュー

## ――心の力で未来を勝ち取れ！――

二〇一四年六月十日　収録

東京都・幸福の科学総合本部にて

本田圭佑《ほんだけいすけ》（一九八六～）

プロサッカー選手。大阪府《おおさか》出身。ポジションはＭＦ《ミッドフィルダー》およびＦＷ《フォワード》。石川県・星稜高校時代、全国大会ベスト４に貢献。卒業後はＪリーグ名古屋グランパスに所属。その後、オランダリーグのエールディビジ・ＶＶＶフェンロー、ロシアのプレミアリーグ・ＣＳＫＡモスクワで活躍し、イタリアのセリエＡ・ＡＣミランに移籍。全日本代表として、二〇一〇年ワールドカップでは「マン・オブ・ザ・マッチ」（最優秀選手）に三度選出されるなど、中心的活躍をしている。

質問者　※質問順

綾織次郎《あやおりじろう》（幸福の科学上級理事　兼《けん》「ザ・リバティ」編集長）

三宅亮暢《みやけあきのぶ》（幸福の科学理事　兼　メディア文化事業局長）

吉井利光《よしいとしみつ》（ＨＳ政経塾《じゅく》部長　兼　幸福の科学政務本部部長）

［役職は収録時点のもの］

# 1　日本の「司令塔《しれいとう》」本田圭佑《ほんだけいすけ》選手の守護霊《しゅごれい》を招く

## ワールドカップを目前にして「守護霊《しゅごれい》インタビュー」を敢行《かんこう》

大川隆法　今日は、私にとっては、かなり〝難しい〟挑戦《ちょうせん》です。好きな人は非常によく知っているのですが、知らない人にとってはかなりの難関です。それは、「ＡＫＢ48の名前を全員言えるか」と訊《き》かれたときに、言える人と言えない人の差が激しいことと似ているでしょう。

いろいろなチームがあり、そのなかの選手それぞれについて、つかんでいる人にとっては〝簡単な話〟であっても、そうでない人にとっては、そう簡単に分かることではないため、そのへんは多少お許しいただきたいと思います。

なお、（ワールドカップでの）試合は、いずれ終わりますので、それが終わったあとにも残る程度の本にはしたいと考えています。

やはり、フィジカル（肉体）の部分も大事ですが、メンタル（精神）の部分も大事でしょうから、そのあたりについて、何らか、「スポーツ全般《ぜんぱん》」から「人生の教訓」まで、いろいろなものにつながる話を引き出せたらよいかと思います。

イチロー選手への守護霊《しゅごれい》インタビューも、なかなかよかったと思いますが（『天才打者イチロー　４０００本ヒットの秘密』〔幸福の科学出版刊〕参照）、本田《ほんだ》選手は、イチロー選手に似たところもあるし、イチロー選手にはないところもある人でしょう。イチロー選手のように努力家ではあるとは思うけれども、やはり違《ちが》うところは、〝口〟が大きいところで、いわゆる「ビッグマウス」というものです。ここには、少し違いがあります。

また、発言していることを聞いてみると、どうも、当会の本に書いてある文句が、やたらに出てくるので、読んでいるのかもしれません。あるいは、類書にも似たようなものはあるので、勝負に関係する本や、「勝ちたい」とか、「成功したい」とかいうことに関係する本を読んでいると、似たようなものになってくることもあるのでしょう。ただ、メンタル強化の意味では、宗教書なども勉強している可能性はあると思います。

若いころには、いろいろと屈折《くっせつ》した時代を送って、オランダに渡《わた》り、ロシアに渡り、今、イタリアに移っています。今年前半は、シュートが出ずに、かなり苦しい時期もあったのですが、何とか乗り越《こ》えて、日本代表のエースとして（ワールドカップに）出場するようです。

いずれにしても、「心の力で突破《とっぱ》しよう」という思いが非常に強く出ているようには感じられます。

なお、「世界で四十六位」というのが日本チームの実力で（二〇一四年六月時点）、出場チーム中、ビリから四番ぐらいらしいのですが、それで、「ベスト16を超《こ》え、ベスト8を超え、ベスト4を超えて、優勝だ！」と言っているので、よくは分かりませんが、〝司令塔《しれいとう》〟として、どこまで行くかというあたりも訊いてみたいところです。

どうやら新戦法で戦うようではありますが、私が見るかぎり、かなり不安な雰囲《ふんい》気《き》がないわけではありません。キーパーを残して、残り十人が全員シュートするぐらいの感じの攻《せ》めをするそうですが、「ロングで抜《ぬ》かれたらどうなるんだろう」という不安は、やはりあるのです。ブラジルなどであれば、頭の上からシュートをかけられそうな感じがしないわけでもないでしょう。

また、日本は、選手の幅《はば》を狭《せば》めて、十メートル幅にして、細かくパスをつないで攻め上がっていく作戦でしょうが、スペインなどを見ると、彼らのパス回しは〝芸術品〟のレベルにまで行っているようなので、レベルに差はかなりあるのではないかという気がするのです。

## マスコミができない「守護霊レベルで考えていること」を訊《き》く

大川隆法　ともかく、本田選手本人は、これから、いろいろなところで取材を受けて話すとは思うのですが、当会としては、よそができることをしてもしかたがありません。よそができないこととして、本田選手の守護霊レベルでは何を考えているかをインタビューしてみたいと思います。イチロー選手の守護霊インタビューのときには、「本人にインタビューをしているようだ」というような感想が、だいぶスポーツ紙などからも出ていたようです。

何か拾《ひろ》い物のような部分が出るかもしれませんし、あるいは、「信仰《しんこう》とスポーツ」というような内容が出てくる可能性もないわけではありません。そのへんについて、ポトンと落ちている球でシュートを決めるようなものが何か出るといいなと思っています。

ただ、サッカーについてあまり詳《くわ》しくはありません。いろいろなチーム名や選手名、技《わざ》の種類についても、大して詳しくはないので、質問する際に、多少、ほかの人にも分かるぐらいの言い回しをしてくださるとありがたいと思います。

もちろん、私もサッカーやラグビーなどについては、自分でしたことはあるのですが、ファンとして、ずっと〝追っかけ〟をやっているほどではありません。

それでは、そろそろ始めましょうか。試合は九十分なんですよね。それに準ずるぐらいにしましょう（会場笑）。それ以上長いとメンタルの面がもたないかもしれませんので（手を一回叩《たた》く）、始めたいと思います（手を二回叩く）。

サッカーのワールドカップが近づいており、日本的にも、国際的にも、サッカー人気が高まっております。

日本代表のエースとして期待されています、本田圭佑《けいすけ》選手の守護霊をお呼びいたしまして、考えておられること等、忌憚《きたん》なく話していただければ、ファンのみなさまがたや、あるいは、今まで関心がなかったような方にも何らかの「気づき」を与《あた》えることができるのではないかと思います。

サッカー日本代表のエース、本田圭佑選手の守護霊よ。

どうか、幸福の科学総合本部に降りたまいて、その心の内を明かしたまえ。

本田選手の守護霊よ。

どうか、幸福の科学総合本部に降りたまいて、その心の内を明かしたまえ。

（約五秒間の沈黙《ちんもく》）

## 2 〝ビッグマウス〟の本当の理由とは

### 「サッカーは精神的な仕事、知力戦」

綾織　こんにちは。

本田圭佑守護霊　うーん。ボールがないとなあ。表現のしようがないもん。（前にある机を指して）これ、足が見えないじゃん。ねえ。これ、これ、これ。

綾織　（笑）

本田圭佑守護霊　下をスケスケにしてもらわないと、これでキックしてても、見せて……。

綾織　昨日、NHKの特集番組に出演されていましたけれども、今日は、守護霊様のインタビューということで、お願いします。

本田圭佑守護霊　だから、サッカー選手ということで、下が見えるようにテーブルを置かないと、ちょっとなあ。問題があるなあ。

綾織　まさに、今、ワールドカップ直前ですが。

本田圭佑守護霊　うん。そう、やる気満々！

綾織　はい。今、ブラジルは夜中ですので、ご本人から少し離《はな》れられても、よい時間帯だと思います。

本田圭佑守護霊　大丈夫《だいじょうぶ》、大丈夫。全然、問題ないよ。

綾織　さっそくなんですけれども、ワールドカップに向けての目標について、ご本人は、「全世界を〝まさか〟と言わせたい」と言っていまして。

本田圭佑守護霊　優勝以外にないですね。

綾織　優勝ですね。

本田圭佑守護霊　目標は優勝ですよ、もちろん。ただ、これを本にするんだったら、出たときには、もう終わってるかも（笑）。

ちょっと申し訳ない（笑）。

綾織　守護霊さんも同じ考えだったということですか。

本田圭佑守護霊　優勝です。優勝以外ありません。勝負には、優勝しかないですよ。当たり前です。

綾織　これは、どうなんでしょうか。ビッグマウス的に大きく言って、「どこか、適当なところで落ち着けばいいな」ということなのか、それとも、本気で優勝なのか。

本田圭佑守護霊　それはね、プロですからねえ。嘘《うそ》は言いませんよ。やっぱりね、プロは嘘を言っちゃいけない。言葉に責任が生じますからね。「優勝を狙《ねら》う」って

JFA
JAPAN
adidas
4

言ったら、狙うんです。

だから、まあ、途中《とちゅう》で敗れることがあったとしても、「優勝を狙ってたチームとしての敗れ方でなかったら、許されない」ということですね。「最初から、負けるつもりで試合に出る」なんていうのは、そんなのは、プロとしてはありえないことであって、どんな相手であれ、どんな状況《じょうきょう》であれ、故障者が出ようが、どんなふうな足の調子であろうが、やっぱり、「優勝を狙う」と。

まあ、これは、四年に一回なんですからね。やっぱり、狙わなきゃいけないし、ベスト16あたりじゃ、目標が低すぎる。もっと上までいかなきゃ駄目《だめ》ですねえ。

綾織　面白《おもしろ》いのは、本田選手が、ずっと「優勝」ということを言い続けていると、周りの人も同じように言い始めるようになったので、何か非常に不思議な感じがしますね。

本田圭佑守護霊　そうなんだ。サッカーっていうのはねえ、あんたがたは、肉体労働だと思ってるのかもしれないけど、サッカーっていうのはね、「精神的な仕事」なんだよ。極《きわ》めて精神的な、メンタルの部分っていうか、「知力戦」なんですよ。基本的に知力戦なんです。

つまり、口から出る言葉も、やっぱり知力戦の一部で、〝武器〟なんです。これも〝武器〟で〝シュート〟なんですよ。言葉も〝シュート〟なんです。

だから、相手はね、「優勝を目指してるチームとぶつからないかん」っていう威《い》圧《あつ》感を感じるわけですよ。「日本チームは、優勝を狙ってるんだ」と。「四十六位だ」と思って戦うとねえ、それより上の順位のところは、絶対、「楽勝」だと考えるでしょう?

綾織　確かに、「優勝を目指している」と言うと、「あれ?　世界ランキングは四十六位だったんだ」という意外な感じがしますよね（笑）。

本田圭佑守護霊　そう思うとねえ、「自分より下のところだけに勝てばいい」みたいな気になるじゃないですか。ねえ？　七十何位のところに負けたりしたら、ものすごくへこむじゃないですか。ねえ？

だから、そういうことを気にしないで、やっぱり、「優勝をただ目指す」と。それが大事なんです。

## 「グラウンドで現れるのは百の努力の内の三ぐらい」

綾織　なるほど。「メンタルなスポーツであり、知力戦である」ということですけれども、本田選手の守護霊さんとしては、グラウンド以外のところでも、常に戦っている状態なわけですね？

本田圭佑守護霊　まあ、グラウンドっていうのは、あれなんじゃないですか。ほんとに氷山《ひょうざん》の一角《いっかく》にしかすぎないんじゃないですかね。だから、水面下が「九」ぐらいで、上に出てるのが「一」もあればいいほうでね。「十」の努力をして、グラウンドで現れるのは「二」ぐらいですねえ。「二」出りゃいいほうで。そのグラウンド外の努力がやっぱり大きい。

「十に二」じゃないかもしれないねえ。私なんかだったら、「百やって、三ぐらい」の感じかなあ。そのぐらいの感じがします。これを「四」に上げようとしたら、さらに「百五十」ぐらいやらないと。「三」が「四」に上がらないですねえ。

綾織　確かにトレーニングの様子なども、先般《せんぱん》のＮＨＫの番組で放映されていまして……。

本田圭佑守護霊　いやあ、ちょっと恥《は》ずかしい話でね。「勝ってから言え」って言う人もいるでしょうね。

綾織　いえいえ。その部分が「ビッグマウス」と言われて、いろいろな波紋《はもん》を呼びながらも、「あえて、言葉で自分の思いを先行させる」ということをやっていらっしゃると思います。

本田圭佑守護霊　「よそが強い」と思ったら、やっぱり、縮《ちぢ》み上がっちゃうじゃないですか。〝司令塔《しれいとう》〟は、やっぱり、なんか強気でないといかんと思うんですよねえ。

## 3　本田流「強い心」の鍛《きた》え方

### 小学校の卒業文集に記した「世界一の選手になる」という言葉

綾織　本田選手のこれまでを少し振《ふ》り返っていきたいと思うんですけれども。

本田圭佑守護霊　おお。厳しいね。〝裁判所〟に切り替《か》わるねえ。ええ？

綾織　いえいえ（笑）。そんな〝裁判所〟ではなく、「本田選手が、どのように自分を高めていったか」というプロセスを知りたいと思っているんです。

ガンバ大阪《おおさか》というプロチームもありますけども……。

本田圭佑守護霊　うーん、うん。

綾織　そこのジュニアユースでトレーニングをずっとされていたわけですけども、そこで上のチームに上がれなかったと。「結局、おまえは駄目《だめ》だ」という烙印《らくいん》を……。

本田圭佑守護霊　やっぱり〝取り調べ〟してるじゃないの。

綾織　ああ、いえいえいいえ（会場笑）。

本田圭佑守護霊　ああ？

綾織　違《ちが》います、違います（笑）。まあ、その時点では烙印を押《お》されてしまって、石川《いしかわ》県の高校に行き……。

本田圭佑守護霊　星稜《せいりょう》ね。

綾織　はい。星稜高校に行かれまして、そこでは、高校選手権大会でもベスト4とか、かなりいい成績を残すことはできたわけです。ただ、十代に限って言えば、そんなに認められていなかったわけですよね。

本田圭佑守護霊　うーん。

綾織　各世代の代表チームにも、そんなに呼ばれなくて、目立った活躍《かつやく》もされてなかったわけです。そうした中学・高校時代を過ごされながらも、小学校の卒業文集には、「世界一の選手になるんだ」と書かれて。

本田圭佑守護霊　うん、うんうんうんうん。そうそう、そうそうそうそうそう。

綾織　本人としては、それをずっと思い続けながら、トレーニングを続けられたということになるわけですか。

本田圭佑守護霊　うん、卒業文集に、「世界一になる」って書いたのを覚《おぼ》えてる。いやあ、あなたがたも宗教だから、そういうことは言う……。「世界一の宗教」になるんでしょ？

綾織　はい。

本田圭佑守護霊　まあ、もう、なってるのかもしれないけども。ねえ、そうやって言わないとならないでしょ？　「日本で十番以内に入る宗教になりたい」とか、そんなのじゃ駄目でしょ？

綾織　それはそうですね。

本田圭佑守護霊　ねえ、世界一じゃなきゃね。もう、これは、やっぱり、「言葉の力」で、みんながそっちに向かっていくからね。

ところが、サッカーは、球《たま》を中心に全員が動いていく競技ですから、やっぱり、その球を「目標」に置き換《か》えて、ゴールを目指さなきゃいけないんで、非常に「目的志向」が強いスポーツなんですよね。

綾織　うーん。

本田圭佑守護霊　だから、その目的や「最終ゴール」っていう言葉をずっと強く意識しなきゃいけないゲームですよね。でも、肉体的には疲《つか》れもするし、やっぱり故障も多いですから、そこから立ち直ってくる力っていうのが、ものすごく要《い》るんですよね。

綾織　はい。

## 「思いの強さに現実はついてくる」

本田圭佑守護霊　その意味で、精神性っていうか……。あなたがたは、今年、『忍《にん》耐《たい》の法』（幸福の科学出版刊）とか出してるらしいけど、まあ、すっごい食いしばって、立ち直ってくる力は、ものすごいものが要りますよね。

やっぱり、不遇《ふぐう》の時期にどこまで頑張《がんば》れるかっていうところだし、ほんと、『常《じょう》勝《しょう》思考』（幸福の科学出版刊）に書いてあるように、「自分にとってのスランプとか逆境が来たときに、これをチャンスに変えることを常に考える」っていう積極マインド、ねえ！　これ、大事だよね。これがないと、マイナス材料ばっかり数えて言い訳するようになるけど、言い訳を並べるようだったら、プロとしては基本的に駄目だね。

だから、それは銀行員か……、いや、銀行員にちょっと失礼だな。役所かどこか……、いや、役所も失礼かな。まあ、どっか、そういう緻密《ちみつ》な事務作業をやってるところにでも行ったらいいいんだ。

綾織　この文集に書かれている内容というのが、非常に具体的でありまして、「世界一のサッカー選手になる」というだけではなく、「セリエAに入団して、レギュラーになって、10番で活躍します」と書いていました。

本田圭佑守護霊　うんうん、うーん。

綾織　まさに、今、セリエAのチームに入ったわけですけれども、それを、すでに、小学校の時点から明確にビジュアライズされていたというのはすごいです。

本田圭佑守護霊　やっぱり、「思い」が実現するんじゃないかなあ。

綾織　はい。

本田圭佑守護霊　プロ（野球）でも、「首位打者になりたい」とか、「ホームラン王になりたい」とか、「大リーガーで活躍したい」と思わなければ、そうならないですからね。

「英語が苦手《にがて》だから、アメリカに行ってプレーするのが怖《こわ》い」とか思ってたら、まず、大リーガーにはなれないわね。

綾織　うーん。

本田圭佑守護霊　英語ができるかどうかなんか分からないけど、とにかくアメリカに行って、「打ちたい！」とか「投げたい！」とか思えば、もう、英語は向こうに行ってからやるしかないよね。私もそんな感じでやってるので。やっぱり、「その思いの強さに現実はついてくる」っていうところはあるわね。

だから、「トップを目指せ」っていうのはあれだし、まあ、古い時代のものかもしらんけど、（アニメの）「巨人《きょじん》の星」みたいな、あんな感じはあるよね、気持ちとして。うん。

「ものすごい徒労《とろう》の上に、汗《あせ》の一部がダイヤモンドに変わる」

綾織　逆に言うと、小学校時代、あるいは中学校時代は、当時を知るチームメイトなどの話を取材したものがあるんですけども……。

本田圭佑守護霊　「平凡《へいぼん》な」って言うんでしょ?

綾織　まあ、そうですね（笑）。まあ、「へたくそ」だったり、「体力がない」とか、「走らない」とか、そういう話がけっこうあって、「あいつはもう駄目《だめ》だろう」というように見られていたと思うんですよね。

本田圭佑守護霊　いや、「見られていた」じゃなくて、今だって、実はそうなんだろうと思うんですよ。

綾織　あ、はい、はい。

本田圭佑守護霊　だから、世界の名選手がたくさんいる。みんな、才能がたくさんあるから、そちらのほうに比べれば、「あんな才能はないなあ。あんな豪快《ごうかい》なシュートは決められないし、あんなに走れないし、あれほど頭脳的なプレーはできないし」とか思う。

まあ、いろんなところを見れば、そういうところがあって、「実に平凡だなあ。いろんな面の、どれをとっても平凡だな。ただ、体が、ちょっとだけ日本人としては大きめで、外人選手に圧力負けしないところだけが頼《たよ》りだな」と思うけど、でも、体だけで見たら、スペインのエースたちは、私よりずっと小さいのに、もっといい仕事をしてますからね。

だから、フィジカルだけでもないし、やっぱり、大きい分だけ、九十分も走るとバテるところもあるからねえ。そのへんは、人一倍の鍛《きた》え込《こ》みをやらなきゃいけないところがあるので。

いやあ、そりゃ、「これだけは世界一」っていう目立ったものが私のなかにあるかって言ったら、ないと思うよ。

やっぱり、根性《こんじょう》でやってて、「必ず左でシュートを打つと思ってるところを、右で打つ練習をして、たまに決める」とか、そういうことでも、「左でキックする人間が、右でシュートを決める」っていうのは、それは、百倍練習して「一」決まるぐらいのもんなんです。本当、そうなんですよね。

だから、何て言うか、ものすごい徒労《とろう》の上に、やっと、〝汗《あせ》の粒《つぶ》〟の一部が、塩じゃなくてダイヤモンドに変わるようなところがあるんですよねえ。サッカーってそんなゲームなんですよ。

「毎日が修行《しゅぎょう》、いや苦行《くぎょう》」

綾織　ご自身でも、「毎日が修行《しゅぎょう》だ」ということをおっしゃっていますが……。

本田圭佑守護霊　修行ですよ、本当に修行。「修行」っていうのは、まだ中道《ちゅうどう》的な言い方で「苦行《くぎょう》」ということで。

綾織　苦行（笑）。確かに、客観的に見ると苦行に見えますね。

本田圭佑守護霊　苦行ですよ。まあ、勉強でも一緒《いっしょ》だとは思うけどね。「一日、本を読まなかったら三日遅《おく》れる」とか、「一週間遅れる」とか言われるけど、サッカーも一緒。一日サボったら、もう本当に三日、四日、調子が戻《もど》らないし、場合によっては、もっと引っ張ることもあるので。

健康診断《しんだん》を受けたり、インタビューを受けたり、あとは、こんなインタビューを受けるだけでも、三日ぐらいは影響《えいきょう》を受ける場合もありますからねえ。

綾織　そうですか。

本田圭佑守護霊　非常にメンタルなスポーツなんで、本当に疲れ果てて駄目な場合もあるからね。日本の期待が重すぎて潰《つぶ》れてしまうとか、まあ、そういうこともあるんですよ。

## 「マスコミに叩《たた》かれても、俺《おれ》が責任を取ってやる」

綾織　ご自身としては「苦行」ということですが、本田選手は、自分で言葉に出して目標をはっきりさせていますし、それも、ものすごく高い目標を掲《かか》げるので、自分をかなり追い込んでいるところがありますよね。

本田圭佑守護霊　そう、そう。まあ、「追い込んでる」という考えもあるだろうけれども、何て言うか、みんなの不安感っていうか、失敗したときのつらさとか、怖《こわ》さとか、恐怖心《きょうふしん》みたいなものとかを背負《せお》おうとしてる面もある。「俺《おれ》が責任を取ってやる」って言ってるのと一緒なので。

綾織　「ほかの人の分も」ということですか。

本田圭佑守護霊　「高い目標を掲げたのは俺なんだ。だから、途中《とちゅう》で負けたり、失敗したりして、非難されたり、マスコミとかに叩《たた》かれたりしても、叩かれるのは俺なんだ。おまえらじゃないんだ」というようなところを見せてるところはあるから、追い込んでるだけじゃない。

綾織　それで言いますと、ザッケローニ監督《かんとく》は明確な目標を掲げておらず、本田選手のみが、はっきりと言っているので、ほとんど監督のような立場にも立っているのかなという印象があります。

本田圭佑守護霊　いや、日本語がしゃべれるからね。いちおう（笑）。

綾織　はい（笑）。

本田圭佑守護霊　それで、みんなに伝わるからねえ。だから、日本語がしゃべれるからだろ。

まあ、こういう大口《おおくち》を叩いた場合は、あとのバッシングがきついんだけど、やっぱり、なんか、うーん、私もへそが曲がってるのよ。

バッシングされたりすると、「なにくそ」と思うところがあって、むしろ、心に火をつけてくれるっていうかね、そういうところがあるから。「叩くなら、どうぞ叩いてくれ。もっと張り切るから」っていう、そういう気持ちがあるんだよな。

## ＡＣミランで味わった「プロ中のプロの耐《た》える力」

綾織　「叩かれている」という意味では、今のＡＣミランのなかでの位置付けに対しても、背番号10番で入ってきて……。

本田圭佑守護霊　最初はねえ、ちょっとあれは悪かった。エースで入って打てなかったからねえ。

綾織　そうですね。やはり、「本当のエースなのか」ということで叩かれ続けている状況《じょうきょう》は、いまだに変わらないと思います。これについて、地上での本田選手は、インタビューで、「あえて、そういうところに飛び込んだんだ」というようにおっしゃっているのですが、守護霊さんとしては、どういう気持ちなのでしょうか。

本田圭佑守護霊　いやあ、やっぱり、選手がねえ、日本人と違うので、すぐに打ち解け合うというところまでいかないし、イタリア人だけでもなくて、ほかの外国籍《せき》の人もいるしねえ。だから、言葉の疎通《そつう》のところで、英語だけでは通じないところもあるし、イタリア語の勉強なんかも、同時にやらなきゃいけないって、これは、かなり、こなれてくれば、意思が疎通しやすくなってくるけど。

やっぱり、そのへんがね、お互《たが》いに考えてることが分からないっていうか。ツーカーで相手が考えてることが、もうピンピンで分かってくるといいんだけど。「監督が言う言葉も分からない」っていうか、「なんで、俺を右に振るんだ」とか、「『出てくるな』ってなんで言うんだ」とか、そんなところがいちいち引っ掛《か》かるわね。日本語なら、ちゃんと意思疎通ができるけど、理由が分からないし、意図《いと》が分からないから、他の選手とも、やっぱり、「どっちが主導権を握《にぎ》るか」という争いもある。みんなのなかにもエース級の人がけっこういるからね。

そのへんがあるんで、それの調和で、けっこう時間がかかったのもあるし、先ほど言ったようなオランダやロシアでもやって、怪我《けが》もしたりしながら、イタリアへ来て、「ゴールが決められないエース」っていうので、かなり叩かれたのは事実だからねえ。

だから、イタリア語が読めないうちは、叩かれてるのがよく分からないし、写真しか分からないけど、読めるようになってくると、叩かれてるのが堪《こた》えてくる。不思議なもんだけど、「よく慣れてくると、堪えてくる。慣れてないと、堪えない」みたいな感じなんだけど。

やっぱり、堪えてくるのに耐《た》えられるのが、「プロ中のプロ」なのかなあっていう気がするのよねえ。

# 4　幼少期から培《つちか》った「負けない心」

## 「目立ちたい」と思い立った幼少時の「家庭事情」

三宅　今日は本当にありがとうございます。

本田圭佑守護霊　なんか、相撲《すもう》取りみたいな顔に見える方なんですけど（会場笑）。

三宅　（笑）これから、本田選手のようにスリムなボディに鍛《きた》え上げていこうかなと思っているんですけれども。

実は、幸福の科学の職員のなかに、三年ほど前、モスクワの空港で本田選手に会ってサインを頂いた方がいると聞いています。

本田圭佑守護霊　ああ。そうですか。

三宅　その節《せつ》は、本当にありがとうございました。

本田圭佑守護霊　覚えてることにしなきゃいけない。プロとしては。

三宅　（笑）たくさんの方にサインされてると思うので、なかなか覚えていらっしゃらないと思うんですけど。

本田圭佑守護霊　ええ、そうなんです。

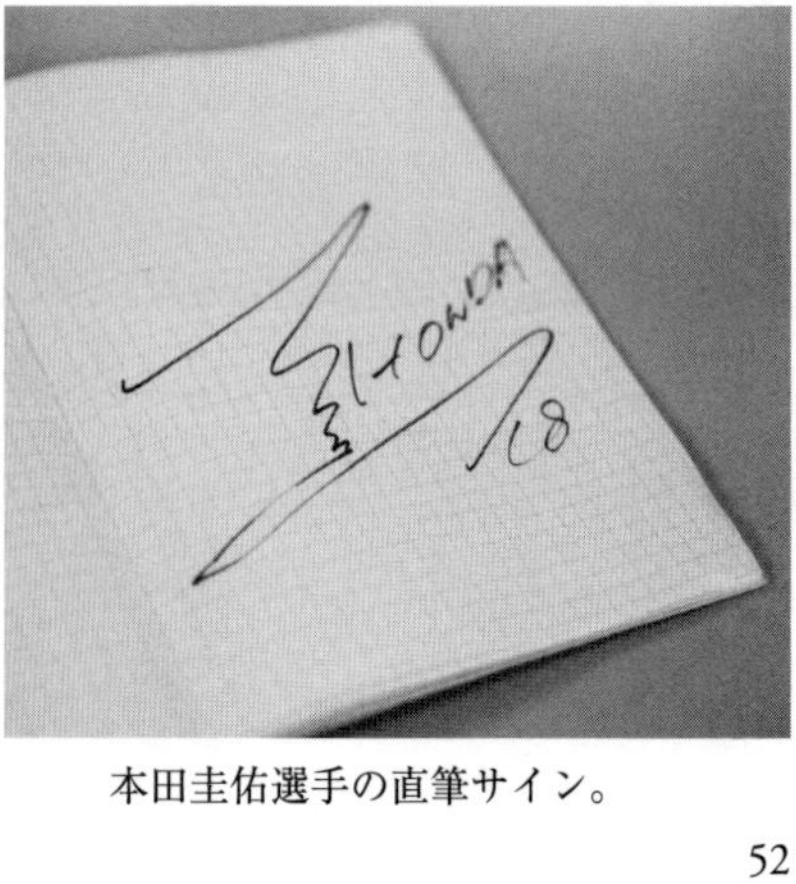

本田圭佑選手の直筆サイン。

三宅　実は、私は、二十年近く、今在籍《ざいせき》されている「ACミラン」というチームが大好きで、いわゆる「ミラニスタ」なんです。

本田圭佑守護霊　ああ、はいはい。二十年!?　あんた、何十歳《さい》？

三宅　私は今、三十一なんですよ。

本田圭佑守護霊　ああ、そうですか。

三宅　前にも、キムタクさんの守護霊に〝おじさん〟と言われたんですけれども（『俳優・木村拓哉《きむらたくや》の守護霊トーク『俺《おれ》が時代《トレンド》を創《つく》る理由《わけ》』』二〇一四年三月二十一日収録）、まだ、実は三十一なんですが、ACミランがずっと好きでした。

本田圭佑守護霊　私よりは年上ですね。

三宅　そうですね（笑）。「世界中のサッカー少年や選手が憧《あこが》れるＡＣミランの10番を付ける」という決断をなされたことに対して、個人的には、その重圧《じゅうあつ》であるとか、夢や希望というものがあったと思います。

そこに対して、「日本人がなかなか欧米《おうべい》などのトップレベルまで行けない」という常識を打破《だは》するため、より大きな公的なものも背負いながら、その10番というものを選んだのではないかなと、私は感じているのですが、そのあたりはいかがでしょうか。

本田圭佑守護霊　まあ、負けず嫌《ぎら》いは、負けず嫌いなんでね。

「最初から低めに目標を出して、ちょっとずつ成果を挙げて、だんだんに認められて上がっていく」みたいな堅実《けんじつ》なタイプの人もいるとは思うけど、あんまり「ヒーロータイプ」じゃないですね。そういう人はね。
最初から大きな目標を持って狙《ねら》っていって、まあ、百に九十九は散るんだろうけど、残る人もいる。残る人は「真のヒーロー」だろうねえ。やっぱり、自分としては、そういうふうになりたいっていうか。まあ、サムライだからねえ。要は、「散るのを覚悟《かくご》で勝負したい」という気持ちがあるしさあ。
だって、先ほども言ったように、子供時代に、「ずっと認められた」っていうほどではないし、「天才」というふうな認められ方をされたわけではなかったので。そこそこぐらいの感じですかねえ。「好きだ」という程度だったので。

三宅　もともと、生まれも大阪《おおさか》のすごく不良の多い街で……。

本田圭佑守護霊　不良……（苦笑）。

三宅　（笑）そのへんにたむろしている中学生とかを見て、「あれは駄目《だめ》だ」と思われたと。

本田圭佑守護霊　今日、大川先生が心配してたんだ。「頭を金髪《きんぱつ》にして、髪を立てられるんじゃないか」と言うて、そこを〝あれして〟たんですけどねえ。

三宅　そういう環境《かんきょう》のなかでも、毎日、お一人でサッカーの練習をして、世界一になるために頑張《がんば》り続けられたと思うのですが、やはり、幼少期のころの環境で培《つちか》われたハングリー精神などと関係があるのでしょうか。

本田圭佑守護霊　難しいけどね。まあ、両親が離婚《りこん》したんでねえ。いいお母さんだけどねえ。そういう意味で、うーん……、母ちゃんにというか、母親に、「忘れてほしくない」っていうか、「息子《むすこ》が活躍《かつやく》してるところを見せたい」っていう気持ちはあったのと、離婚してもね、ときどき応援《おうえん》に来てくれてたこともあったので、「テレビを通じて観《み》られるようにしてやりたい」っていう気持ちがあったのでね。

まあ、親が離婚するには、子供には分からない理由もあるだろうから、あれこれ言ってはいけないいんだろうと思うんだけどね。そら、ほかの人の立場から言っちゃいけないいんだろうけども、子供心には、けっこう堪《こた》えたとこはあったので。

「日本のどこかで、自分のことを見ててほしい」っていうような感じで、やっぱり、「常に、目立つところ、目立つところを言って、みんなを惹《ひ》きつけたい」「そういう大言壮語《たいげんそうご》して、惹きつけたい」みたいな気持ちがあったのは事実だよね。

三宅　それから、サッカーだけではなくて、ファッションの面でも取り上げられたり、一つひとつの言葉やメンタルの面でも取り上げられたりするのは、そのあたりとも関係があるのでしょうか。

本田圭佑守護霊　うーん。まあ、あるわね。やっぱり、「見ててほしい」って感じが、すごくあることはあるね。

これって、「宗教的」には駄目なんだろうかね。よく知らないんだけど、駄目なのかなあ。いけないことなのかなあ。

三宅　そんなことはないと思います。

本田圭佑守護霊　地味なのがいいのかなあ。だけど、浪花根性《なにわこんじょう》でもあるじゃない。「今に見てろ」「見返してやる」っていう感じがあるじゃない。ねえ。

だから、人に同情されてうれしいタイプではないし、「何でもないです」みたいに言いたいほうではあるので、そんな簡単に負けは認めたくはないねえ。人生においても、負けたくはない。

## 「守り」から「攻《せ》め」のスタイルに転じた全日本チーム

三宅　そうした、個人の考え方やメンタル面の強さも、よくフィーチャーされるところなのですけれども、一方では、実は、チームというものも、すごく大事にされていて、一度、オランダ戦の前に、チームの中心メンバーをザッケローニ監督が集めて会議をしたことがあったらしいのですが、そのときに、「みんな目標をどう思っているのか。自分たちはワールドカップで勝ちたいのか。そこのところを本音で話そう」というように、まず本田さんが打ち明けられたと聞いています。

本田圭佑守護霊　うん。

三宅　そして、そのあと、実は、その中心メンバーのなかでも、「自分は勝てない」と思っている「ワールドカップ優勝は無理」派と、「『優勝したい』」という人に、ついていこう」と思っている「ついていこう」派と、本田さんご自身のように「本当に勝つ」と信じている派という、三つのパターンに分かれていることが分かったというようなお話がありました。

それで、そうした、前の三つの「勝つことを信じられない人たち」と「ついていこうとしている人たち」に対して、本田さんは、「自分で、このように目標設定をすれば、ワールドカップで優勝できる」というように、ビジョンの描き方を教えられた。

つまり、日本のなかでもトップとされる選手の方々に、そのようにして、「チームとしてどう勝っていくのか」という精神を植《う》えつけたり、実際に、体でもって、フレーズでもって教えていったりしているというお話もあるのですけれども。そのような「チーム」というものに対しては、どのようにお考えなのでしょうか。

本田圭佑守護霊　いやあ、全日本のチームは、従来、守備中心でやってたんでね。

「守りを固める」っていうのが、けっこう強かった。長らく、伝統的に、「守りを固めなきゃいけない」って。まあ、やっぱり、順位が低ければそうなるよね。

攻《せ》められてることが多いから、「守りを固めなきゃいけない」というのが多かったけど、「守りを固めてるだけじゃ勝てない」っていうことで、今の監督《かんとく》が、「攻め」のほうに転じて、要するに、「最後は、ゴールキーパー一人を残して、十人でシュートしろ」みたいな感じの「攻め」を言ってるから、「守り」という意味では、今までの日本のチームから見れば、みんな不安がある。ディフェンス系の人たちも、みな、不安は不安だよね。

だから、「一人エース」もあれば、「三人ぐらいだけで攻める」というのもあったところが、「フォワードとミドルと、あと、バックで、これを十メートルぐらい、紐《ひも》で結んででも動かさない」というくらいの監督の考え方でやって、全体にそういうふうな動き方をする、「二十メートル幅《はば》くらいで全員が動く」っていう、〝あれ〟なんでね。

まあ、これは、基本的には、日本人選手の体力が、外国の強豪《きょうごう》チームの体力に比べて、「足は遅《おそ》い。シュート力が足りない。バテやすい」というようなことを考えて、「短いパスでつないで攻める」っていう戦法なんだろうとは思うんですよね。

だけど、チーム全体として、それが、なかなか理解はできないので、「こんなにディフェンスを空《あ》けちゃって、抜《ぬ》かれたら、もう終わりですよ」っていう感じですよねえ。

長距離《ちょうきょり》の〝弾道《だんどう》ミサイル〟みたいなシュートを打つ人が見たら……。なかにはねえ、敵のゴール前から打って、味方のゴールの真っ正面ぐらいまで届くのがいるからね。そんなのにかかったら、本当に、真ん中へんからシュートを打てちゃいますからねえ。

これだったら、誰《だれ》もいなかったら、入っちゃう可能性がある。キーパーが前に出ていて、その上を超《こ》えたら、もう入っちゃいますからねえ。

それが、怖《こわ》いことは怖いし、怖がる人が、けっこういる。ずっと守りのサッカーをやってたから、怖がる。

ディフェンスを空《あ》けて、試合に負けたりしたら、「やっぱり、守りが要《い》るんじゃないか。もっと下がらないと危ないんじゃなかか」みたいな声が出るけど、それでやったら、今度は、攻撃《こうげき》ができなくなるしね。

下がると、要するに、前のほうまで攻めるのに、ものすごく運動量が増えるからねえ。走る量が、すごい増えるので、それを九十分やったら、やっぱり、日本人の体力ではもたなくなるんでねえ。

だから、それをよく考えて、やってるんだとは思う。こまめなパス回しで、全員で攻めるっていう感じなんだよねえ。

成功するか失敗するかは……、まあ、負けるときは、ボロ負け、勝つときは、ものすごく勝つ戦い方だとは思うけど、ただ、監督の言うことを信じなかったら、やっぱり、チームとしては力が出ないと思うんだよね。

これは、会社だって、そうだろうと思うんだけど、社長が、強気でやる、弱気でやる、両方あるとは思うけどね。

つまり、「守りの経営をする人」と「攻めの経営をする人」と、両方あるとは思うんだけど、「前の社長は守りだったが、今度の社長は攻めだ」っていう場合、「前の社長に薫陶《くんとう》を受けたから、自分は守りでやりたい」と言っても、新社長が「攻め」と言うんだったら、「攻め」でいかないと、やはり、会社としては成り立たんのじゃないかねえ。

それと同じで、実力どおりでいったら、どうせ、四十六位だけど、それでは、何も勝ち目はないので、やっぱり、突破口《とっぱこう》を開くには、攻めて攻めて、点を入れていく。とにかく、点を取らなきゃ勝ちやしないからね。

まあ、そのへん、「攻撃型のサッカーに変える」ということであるから、〝遺伝子〟を変えるのは、そうとう難しいけども、自分が、それを信じて貢献《こうけん》することで、みんなは、ついてこようとしているし……。

要するに、もし抜かれたら、守らなかったところを攻められるのでね。それが怖いだろうから。それを受けて立とうとして、「自分が、それを信じてやる」っていうことで、批判は……、まあ、マスコミなんかの批判は、けっこうきついので、「それを、本田が受ければいいんだ」ということで……。

まあ、そんな感じなんだがねえ。

「人より早く練習を始めて、人より遅《おそ》くまでやる」の繰《く》り返し

綾織　素朴《そぼく》な質問なのですけれども……。

本田圭佑守護霊　そういうのが、いちばん怖い。

綾織　（笑）（会場笑）すみません。そういうふうに、本田選手は、小学校時代から、ビッグマウスで、大きな目標や夢を掲《かか》げていくわけですけれども、それは、他人から見ると、単なる「勘違《かんちが》い」というように見える可能性もあります。

本田圭佑守護霊　勘違い？

綾織　「それが勘違いなのか、本当の夢なのか」ということは、どう区別したらいいものですか。

本田圭佑守護霊　うーん。

綾織　やはり、夢が大きくなればなるほど、「それは、君の勘違いだよ。そんなこと、できるわけないよ」という否定的な反応が来るわけですよね。

それで、自分のなかにも、「ああ、やはり、それは単なる勘違いかなあ」という気持ちが起きてしまうこともあると思うのですが、ご自身として、否定的な反応を、どのようにクリアしていったのでしょうか。

本田圭佑守護霊　まあ、でも、基本的には、好きでないものは駄目だし、成功しないから。

「小さい時分から、親父《おやじ》に教えられて、兄弟でサッカーをやってて、好きになった」っていうことが、一つにはある。

それと、遺伝子的なものが、どこまであるのかは知らないけれども、フィジカルな面だけどね。これを鍛えてできるものもあるけども、親戚《しんせき》のなかでは、けっこうなレベルまで……、まあ、ほかの、サッカーではないスポーツの面では、けっこう、世界水準にまで食い込《こ》んだ方もいるので、「フィジカルな面では、遺伝的に、ある程度の強さはあるのかもしれないなあ」と……。

これは、先天的なものだけど、「ある程度の強さは、あるんじゃないか」とは思ってたのでね。

サッカーではないけども、親戚には、ある程度、活躍された方もいたんで、「可能性はないわけじゃない」というのと、体は大きかったので（身長百八十二センチ）、日本人離《ばな》れした強さは、あったことはあったので。

でも、本当は足は遅《おそ》く、スタミナは切れやすくて、もうひとつ、天才的にできるという感じはついぞ来なかったですね（笑）。ついぞ来なくて、やっぱり「努力、努力、努力」でしたね。とにかく、「人より早く練習を始めて、人より遅くまでやる」という、この繰《く》り返しだったねえ。

## 5　ＡＣミラン入団会見時に語った〝リトル本田〟の正体

### 本田選手が「自己内対話《じこないわ》」をしている相手とは

吉井　この努力の積み重ねとともに、高い目標と現実はかなりぶつかってくるところもあると思います。

本田圭佑守護霊　うん。

吉井　そこで、ＡＣミランでの入団会見のときに、「〝リトル本田〟という存在に、ＡＣミラン入りがいいと後押《あとお》しされた」という趣旨《しゅし》のことをおっしゃられていたと思うのです。

本田圭佑守護霊　うん。

吉井　周りの人たちが、ついてこれないような高い目標を掲《かか》げて、それをしっかりと自分のなかに落とし込《こ》む上で、この〝リトル本田〟の存在は、すごく大きいのではないかと思います。

本田圭佑守護霊　うーん。

吉井　これは、守護霊様が〝リトル本田〟というご存在で、よく対話をされているのでしょうか。

本田圭佑守護霊　うーん。こんなことを言うと、本当に神がかってきて、何だかよく分かんないんだけど……。まあ、「自己内対話《じこないたいわ》」っていうのかなあ。自分で対話してることが多いんだよなあ。「本田、これでいいのかあ」みたいな感じのね。「いやあ、これが本田なんだあ」とか、「いや、こんなもん本田じゃない」とか、他人《ひと》事《ごと》みたいにね。

綾織　独《ひと》り言《ごと》をけっこう言ってますよね。

本田圭佑守護霊　他人が聞いたら、「大丈夫《だいじょうぶ》か？」と思うかもしれないけど。

綾織　（笑）はい。

本田圭佑守護霊　「本田って何なんだあ⁉」ということをめぐって、これは何て言うの？　心理学では「インナーチャイルド」みたいなのがあって、もう一つの自分を小さいのから育てて、それをどう扱《あつか》うかで、メンタル面に影響《えいきょう》が出たりする。
これは、過去のいろいろな葛藤《かっとう》を消し込む心理学の技術として、もう一人の自分を想定して、それを育てて、修正をかけたり、励《はげ》ましたり、反省させたりする。いわゆる「たまごっち」みたいな感じかなあ。

綾織　その対話の相手をされてるのは？

本田圭佑守護霊　（守護霊の）「私」でしょうね。

綾織　そうですか。

本田圭佑守護霊　それが私なのでしょうけど。意識的にか、無意識的にかは知りませんが、対話をしているんですよね。

綾織　はい。ACミラン移籍《いせき》のときの記者会見でおっしゃっていたのは、「どこでプレーしたいんだ?」と〝リトル本田〟に聞いたら、「ACミランだ」と断定したという話なのですが。

本田圭佑守護霊　そうなの。そう、そう、そう、そう。リトルじゃないよね。

綾織　リトルではないかもしれない（会場笑）。

本田圭佑守護霊　リトルじゃない。

綾織　大きいかもしれないですね。

本田圭佑守護霊　〝グレート本田〟だね。

綾織　グレートです（笑）。

本田圭佑守護霊　〝グレート本田〟に相談してみたら、「目立つところに行け！」と、必ずそう言うということですよね。怪我《けが》しても、「そんなもん、カムバックできる」ということだね。

サッカーの試合でも「守護霊勝負」が行われている？

綾織　そういう意味では、ご本人としても、「潜在《せんざい》意識をフル活用している」という感じなのですね。

本田圭佑守護霊　いや、やっぱり、こういう勝負の世界というのは、本当に精神力がかなり利《き》くのでね。だから、あらゆるものを総動員しなければいけないので。

無意識のうちにパッパッと球を出すところや打つところが見えるような、すごく頭のいい人もいて、（私は）それほどいいわけじゃないけど、最後は、やっぱり「勘《かん》」というか、「霊感《れいかん》」みたいなものは、そうとう影響するのは間違《まちが》いないのでね。

だから、球を出す方向は何種類かありえるわな。「後ろ、横、両サイド、前、誰《だれ》に出すか。その次はどう動くか。その人はどこに蹴《け》るだろうか」という予想を一瞬《いっしゅん》でつけなきゃいけないからね。

それは「霊感勝負」もあるから、こっちから言えば「守護霊勝負」だけど、「守護霊の霊感はどっちが強いか」が「選手間の戦い」になってる。

綾織　守護霊同士で戦ってるわけですね。

本田圭佑守護霊　そうそうそう。向こうの霊感が上だった場合は、相手に抜《ぬ》かれたり、あるいは、予想外のところにパスされたり、シュートされたりすることもあるわなあ。

だから、やっぱり予知能力とか、そうした霊感で、「あの人はどこへ走るか」とか、「こういう動きをしたら、こちらに向こうのディフェンスが集まってくる」とか、こういう一瞬の、〇・五秒以内の判断で、名選手かどうか、分かれるねえ。

綾織　そういう意味では、常に対話をして、守護霊と通じているというのが、その強さになっていますか。

本田圭佑守護霊　うん。しているんじゃない？　ビッグマウスのときは、たいてい私が入ってるんじゃないかなあ。

綾織　あ、そうですか（会場笑）。

本田圭佑守護霊　うん。はっははは。
「怠《なま》けてたら、霊界《れいかい》からの応援《おうえん》は来ない」

吉井　そういったインスピレーションに満ちたプレーをしていく際に、先ほど、「グラウンド外での努力も必要だ」ということをおっしゃっていたと思います。霊《れい》感《かん》に満ちたプレーをする際に、グラウンド外で心掛《こころが》けていることには、どのようなことがあるのでしょうか。

本田圭佑守護霊　まあ、フィジカルの面は、やっぱり生きてるほうの人間が訓練しないかぎり、霊体《れいたい》だけが訓練しても強くならないからね。
やっぱり、筋肉を使って、神経、頭脳を使って練習しないかぎりは強くはならないけど、そのフィジカルな面も鍛《きた》えていくうちに、精神力に変わってくる面があるんだよね。

フィジカル的に「ちょっと無理かな」と思うところも、もう一声《ひとこえ》、二声、乗せていくことで、うーん、何だろうねえ、ほんと仏教の修行者《しゅぎょうしゃ》のような強さが生まれてくる。それが何か、精神世界のほうの強さにもなってくるようなね。

結局、サッカーっていっても、並んで、国家も歌ったり、礼もしたりしてやるんだけど、並んだときに、どっちが強そうかって睨《にら》む。ローマのコロッセウムのグラディエーターみたいなのが、戦ってどっちが強いかっていうのは、〝念力戦《ねんりきせん》〟で、最初にぶつかったときに感じるからさあ。

そのときに相手に気圧《けお》されないで、圧倒《あっとう》されないためには、それだけのフィジカルの強さというか、自分は鍛錬《たんれん》してきたんだっていう、その積み重ねてきた自信が、やっぱり精神的な強さになって出てくるし。その精神的な強さで出てきたら、ときには霊界《れいかい》からも、ちゃんと応援《おうえん》が来てるっていう感じは受けるね。怠《なま》けてたら、来ない感じってのは、はっきりとある。

# 6 「勝つべくして勝つ」ための凄《すさ》まじい努力

## 本田選手のメンタルを鍛《きた》えているのは〝残業《ざんぎょう》〟

綾織 「肉体的な鍛錬《たんれん》のなかでメンタルが鍛《きた》えられる」という話ですが、メンタルの部分について、ご自身で何かトレーニングされているようなことはあるのでしょうか。

本田圭佑守護霊 まあ、「残業《ざんぎょう》」だよね。基本的にはね。まあ、残業。

綾織 残業？

本田圭佑守護霊　残業。だから、残業手当てなしの「残業」。

綾織　はい、はい。

本田圭佑守護霊　それが基本かなあ。だから、自分で課題を課して、「ここまでいかなきゃ駄目《だめ》」とか。

ご存じかもしらんけど、「シュート練習をしたとき、三本続けて、ゴールの枠《わく》に当たらないかぎり、今日は帰れない」みたいなのを自分で決めてやる。なかなか三回続けて当たらないんでね。もうちょっとのところで、外《はず》すので。二百何十回も打たないと帰れないようなこともあって、真っ暗になっちゃうようなときもあるんだけど、まあ、そういうのを自分に課してやっていく。

まあ、ほかの人も見てはいるかもしれないけども、「あいつは普通《ふつう》ではないな」と思うようなところ?　それだけの残業をするのは、フィジカルな面ですごくきついんだけども、ほかの人からすれば、「メンタルな面ですごく粘《ねば》り強いんだなあ」っていうか、まあ、そういうふうに見えるところがあるんだよね。

本来は「くよくよして、後ろを振《ふ》り返る性格」

本田圭佑守護霊　だから、ほんとは、メンタルな面は、本人自身は、とっても臆病《おくびょう》なところがあって……。

綾織　あ、そうなんですか。

本田圭佑守護霊　うん。本来、くよくよしたり、後ろを振《ふ》り返る傾向《けいこう》があって、「自分は駄目なんだ」と思うような性格ではあるんです。

綾織　そうですか。

本田圭佑守護霊　それを乗り越《こ》えるために、強気《つよき》の言葉を発して、実際の練習で、それを乗り越えて見せるっていうのをやるってところ。ここが踏《ふ》ん張《ば》りどころだよね。ここがね。

綾織　常に、自分の弱い部分と戦っているんですね。

本田圭佑守護霊　まあ、「優勝を目指す」と言って、ほんとは、ボロ負けして、「一回も勝てませんでした」なんてなったら、それは袋叩《ふくろだた》きだろうからね。それを考えると怖《こわ》いよ。だから、言わない人は賢《かしこ》いし、それだけ傷つかず、また元のチームで活躍《かつやく》はできるだろうと思うけどね。

綾織　そうですね。

本田圭佑守護霊　やっぱり、「優勝する」と言って、一回も勝てなかったりしたら、「もう引退か」というぐらいの、いじめられ方はするだろうねえ。だけど、そのいじめに耐《た》えられるだけの練習や訓練を、自分としては、やれるところまではやったというところかなあ？　まあ、自己満足かもしれないけども、そういう「自己説得」ができてるかどうかかな。

「苦杯《くはい》をなめた者でなければ、立ち上がってくることの尊《とうと》さは分からない」

吉井　先ほど、「フィジカルから精神力に高まっていく」というお話だったと思うのですが、本田選手の言葉は、ある意味、「本田語録」のようなかたちで、非常に力強い言葉がたくさんあると思うんですけれども、本田選手にとっての「言葉の力」というのは、どのように認識していらっしゃるんでしょうか。

本田圭佑守護霊　やっぱり、これは、あれじゃないかね。うーん、まあ、宗教に非常に近いかもしれないけど、苦杯《くはい》をなめた者でなければ、立ち上がってくることの尊《とうと》さは分からないんじゃないんですかね。

だから、負けたことがない人間には、再び立ち上がって勝つことの尊さは分からないんじゃないかねえ。

勝負っていうのは、必ず勝ち負けが出ますので、「負けたことがない」っていうのはありえない。勝負の世界ではありえないですよね。実際上、この世では「自分は失敗したことがない」って嘘《うそ》をつく人はいるけれども、サッカーでも、野球でも、なんでもいいけども、負けたことがないチームってありえないですよね。

やっぱり、それで、どの程度悔《くや》しい思いをして、そこを克服《こくふく》してくるかだし、定期的にスランプは来るし、それから、怪我《けが》からの回復に時間がかかるとか、予想外のこともあるよね。でも、痛くても、「痛くありません」って言って出場しなければいけないこともあるよね。

だから、今回だったら、イタリアに移籍《いせき》して、なかなかシュートがねえ……、三カ月ぐらいゴールが決まらなかったかな。まあ、あれはつらいわねえ。エースナンバーでは、ちょっとつらい話ではあるけども、やっぱ、耐え抜《ぬ》いたっていうところはあるよね。

その程度の実績で、「日本チームで世界一になるか」っていったら、確かに、ちょっと疑問がないわけではないけども、「何か神風《かみかぜ》を吹《ふ》かしたいな」っていう気持ちはあるわけよ。うーん。

「言葉の魔術師《まじゅつし》として、周《まわ》りを伝道している」

綾織　神風の部分は、そういう、自分で言葉でつくり出すと？

本田圭佑守護霊　そうそうそう。だから、それ、宗教と似てるけど、周りに〝洗脳〟をかけてるの。

綾織　〝洗脳〟ですか（苦笑）。

本田圭佑守護霊　周りを〝洗脳〟し、〝伝道〟してるわけ。

綾織　ああ、なるほど（苦笑）。

本田圭佑守護霊　一生懸命《いっしょうけんめい》、伝道してるの。伝道師、言葉の魔術師《まじゅつし》として、伝道してるので。

私は、〝あれ〟だと思いますよ。今やってるのはサッカーだけども、別に、「宗教のほうで使ってくれ」って言われたら、おたく様の「伝道局長をやれ」って言われたら、いつでもできる。言葉の魔術師で、「絶対にいくぞ！」って言い続けたら、けっこう、みんな〝いっちゃう〟んじゃないかと思うので。やっぱり、宗教だって、全部やれると思いますよ。

まあ、営業だって、「やれ」って言われたら、やれると思いますよ。勉強もするし、努力もしますから。やる自信はありますよ。だけど、今はサッカーが好きだからやってますけど、〝伝道師〟としては、イチローさんより私のほうが上だと思いますよ。

綾織　ほお。

本田圭佑守護霊　イチローさんは、伝道師じゃないよ、ねえ？　修行者《しゅぎょうしゃ》だけど。修行者としてやるけど、伝道師としては、私のほうが「上」だと思うな。言うからね、言って言って言ってするから。

まあ、負けてもいいんだけど。こう、何て言うか、「常に騒《さわ》ぎの中心になって関心を引き、みんなに注目させる」っていうのは、やっぱり「プロとしての技術」だと思うんですよね。

人が注目してくれなかったら、やっぱ、お金はもらえないもんじゃないかと思うんですよね。「あの大ぼら、当たるか当たらないか」と思って見てくれる人が増えれば勝ちだと思うんでね。負けても、「次、決めますから」と言えますしね。「近いうちに決めます」と言えるからさ。

「外国選手と比べたら、自分は不器用《ぶきよう》、不細工《ぶさいく》」

綾織　最終的にはそれを実現してきているんですけれども、途中《とちゅう》においては負けもたくさんありますし、客観的に、つぶさに見ていくと、はっきり言えば、挫折《ざせつ》のほうがけっこう多いのではないかという感じがします。それはどうでしょうか。

本田圭佑守護霊　そらあねえ。いや、外国チームの有名な選手と才能を比べられたら、はっきり言って、きついですよ。ねえ。

綾織　その点で、NHKの番組でも、「毎日鬱《うつ》になる」とおっしゃっていましたけれども。

本田圭佑守護霊　いやあ、「不細工《ぶさいく》だな」と、自分で思うことはありますよ。ほんとにねえ、不細工、不器用《ぶきよう》っていうか、まあ、それはあるんですけど、その不器用なやつをビデオで見返して、「やっぱり、あれをこうすべきだった」とか、いろいろ研究しながらやるという、まあ、ごく平凡《へいぼん》な能力での反省を重ねてやっていますが。

まあ、天才的な技《わざ》をやってみたいよねえ。そりゃもう、ほんとに、引っ繰《く》り返って逆《さか》さまにシュートしたりしてみたいもんだよね。ほんとね。

綾織　漫画《まんが》の世界ではそうですね（笑）。

本田圭佑守護霊　ええ。もう、端《はし》っこから端っこまでシュートを飛ばしてみたいですよね。やってみたいけど、そういうことはなかなかできないからね。うーん。あと、相手の心が瞬時《しゅんじ》に読めたら、「ゴールキーパーが、右へ行くか、左へ行くか」が読めたら、その反対に、いつも入れられますもんねえ。そういうふうにできたらいいけど、まあ、やっぱり、一個一個が練習の結果だからねえ。

「奇跡《きせき》に味をしめたら、プロとして駄目《だめ》になる」

綾織　ＮＨＫの番組のなかでは、ご自身で、「アホみたいに課題が見つかる。僕が誇れるのは、世界でいちばん課題が多いこと」とおっしゃっていました。

本田圭佑守護霊　「アホみたい」か。うーん、余計《よけい》なことを言っとるなあ。

綾織　（笑）「だから、逆に、伸びしろがあるんだ。可能性があるんだ」というように、ご自身ではおっしゃっていました。これは、強がりにも聞こえるのですけれども、本音のところは、どうなのでしょうか。

本田圭佑守護霊　まあ、四十六位が一位を目指すと、その間は四十五チームぐらい、開《あ》いてますからねえ。伸びしろは、すごくあるし……。

綾織　まあ、ありますね（笑）。

本田圭佑守護霊　もう、失敗の幅《はば》も、すごくありますね。まあ、どっちにでも取れますね。「伸びしろ」とも取れるし、「失敗の幅」とも取れる。どちらにも取れるしねえ。

だから、四十六位のところが一位を目指してやって、それで、いったい何位まで行ったら、みんな、「頑張《がんば》った。成功したね」と言ってくれるのかっていうのは、やっぱり、微妙《びみょう》なところはありますよねえ。
まあ、おそらく、プロとして許されるのは、ベスト8ぐらいまでは出ることで、そうでなきゃあ、もう、「大口をガムテープで貼《は》ってやる」とか、「外科《げか》手術で、糸で縫《ぬ》いつけてやる」って言いたくなるあたりなんじゃないですかねえ。

三宅　その「ベスト8」という話ですけれども、本田さんは、「今のチームが百パーセントの力を出せば、ベスト8まで行ける。ただ、その先は……」。

本田圭佑守護霊　いやあ、いやいや、優勝です。

三宅　はい。「その先は、奇跡《きせき》を呼び込《こ》む習慣が大事なんだ」というお話をされていたことがありまして、ただ、一方では、「自分は奇跡を信じない。奇跡というのは、努力を百パーセントしたから起きるものだ。自分の実力がいちばん発揮されたときに、与《あた》えられるものだ」という言い方もされていて、そのように、「奇跡」のお話をたくさんされています。

また、先ほど、『忍耐《にんたい》の法』（前掲《ぜんけい》）の書籍の名前も出ましたし、あとは、「常勝《じょうしょう》思考」という考え方もお話しされていますけれども、実は、大川隆法総裁の書籍を読まれていたり、そういったメンタルを鍛える手法みたいなものをたくさん取り入れられたりしているのでしょうか。

本田圭佑守護霊　だから、「奇跡が起きない」って言うてもねえ、結局、「球を置いて、誰《だれ》も邪魔《じゃま》しないで、シュート練習だけでゴールに入れる」っていうんだったら、そらあ、十発打てば九発は、普通、入りますよ。九割ぐらいは入ります。

ただ、そこにキーパーが立ったらどうなるかっていうと、まあ、十発打って、九発ぐらいは、自分が外さなきゃゴールに入るコースに打っても、キーパーに止められるわねえ。止められる率がかなり多くなってくるから、十発打っても、三発も入るかどうかになってくる。

さらに、これにディフェンダーがついてくるとどうなるかっていうと、もう二人か三人、周りにつかれると、さらに厳しくなるよねえ。

そういう意味で、自分の実力だけでは決まらないいんだけど、「奇跡で、向こうがヘマをしてくれるのを待ってるような感じで、たまたま入る」っていうのは、たまにはあるけど、それに味をしめちゃうと、もう、人間としては駄目《だめ》になるんでねえ。

だから、そういうことはあるよ。奇跡的に、「向こうがヘマしてくれて入る」っていうことはあるし、オウンゴールみたいなのもあるからね。「ない」とは言えないんだけど、これに味をしめたら、もう、プロとしては駄目になるので、やっぱり、「勝つべくして勝つ」っていうことは大事なのでね。

## 本田流「勝つべくして勝つ方法」

本田圭佑守護霊　その「勝つべくして勝つ方法」は何かって言うと、普通のエース級の選手なら、例えば、判断に〇・五秒かかるやつを、訓練を重ねて、〇・四秒で判断するという、〇・一秒、その判断の速度を速めることができたら、相手よりも速く動けて、速く決定ができて、速く球が出て、向こうの考えよりも、ちょっと一瞬、速くなったら、本当に自力で成功する率は上がるんですよ。

その〇・一秒、判断を速めるためには、ものすごい、もう、あなたがたの世界でどう言うのかは知らんけども、本当に、どのくらい練習しなきゃいけないかっていったら、そうやねえ、千時間練習したぐらいで〇・一秒は、なかなか縮まらないですねえ。

三宅　本当に、すごい重圧《じゅうあつ》を跳《は》ね返すための……。

本田圭佑守護霊　重圧なんですよ、重圧。だから、あなたが訊《き》いてる趣旨《しゅし》で言やあ、私たちの仕事は、〝球蹴《たまけ》り〟が本当の本業じゃないんだと思うんですよ。

だから、すごい重圧……、応援《おうえん》が、ファンがついて、いろいろな人がテレビで観《み》たり、観客席から何万人もが観て、重圧がかかっているなかでプレーして、そのプレッシャー、重圧のなかで、それをやってのけるかどうかっていうことなんだね。「誰も見てないところで球を入れる」とかいうことなら楽ですけど、それはお金を取れない世界だからね。

そういう意味では、宗教なんかでも、大勢の前で講演会をしたりとか、歌手なんかでも、そらあ大勢の前で、何千何万の前で公演したりとかするのも同じようなところがあるのかもしれませんけども、そうした重圧のなかで、「平素の実力」っていうか、その人が当然期待されている実力を発揮するっていうのが、これが「プロ」なんだろうと思うんですよね。

だから、確かに、大川先生が説いておられるようなことっていうのも、まあ、スポーツ界だけでなくて、芸能界から、サラリーマンから、芸術家や、重圧がかかるようないろいろな職業において、みんなに通じることを言っておられるんじゃないですかねえ。

## さまざまな病気の噂《うわさ》について訊《き》く

三宅　そうした重圧のなかで戦われているわけですが、以前、目の形が変わったということで、「バセドウ氏病じゃないか」という報道もありました。

本田圭佑守護霊　目、大きいからね、まあ。

三宅　先日も、「実は、喉《のど》を手術していた」というところもありますけれども、そのメンタルのところと、なぜ病気が、そういうところにできてしまうのかといったところには、守護霊様から見て、何か関係があるのでしょうか。そういうメンタル面や、志《こころざし》のところとの関係であるかと思うのですが。

本田圭佑守護霊　うーん。かなり〝厳しい〟ところを攻《せ》めてくるね。まあ、バセドウ氏病系統の病気が出る人は、基本的には、せっかちなんですよね。せっかちな人がかかるんですよ。だから、成功を急いでいる人や、早く結果を出したい人が、だいたいかかるんです。

〝巡航速度《じゅんこう》〟で、〝各駅停車〟で走ってる分には、ならないんですが、駅をすっ飛ばして、「とにかく早く着きたい」と思うような性格の人は、かかりやすい病気なんですよね、そちらの系統の病気ってのはね。

だから、本来は、サッカー選手なんかが、かかるような病気ではないんです。足の怪我とかは、もうしょうがないですけどね。足や腰《こし》を傷《いた》めたりするのは、これは起きることではあるけど。ただ、そちらのほうの病気は、あんまりサッカー選手には縁《えん》がない病気で。まあ、頭を蹴られたり、球が当たったりして、故障する人もいるから、そういうのもないとは言えないですけど。うーん、そらあ、メンタルな部分が、かなりあると思いますねえ。

綾織　それは、ビッグマウスのところと、ある意味で裏表の関係になってしまうわけですね。

本田圭佑守護霊　うーん。だから、成功をすごく急いでるんだろうなとは、自分でも思います。「早く東京から大阪《おおさか》まで着きたい！」っていう気持ちがあるから、各駅停車じゃ我慢《がまん》ならないし、「なんで名古屋なんか止まらなきゃいけねえんだあ！」っていうような感じは、やっぱり、あることはあるんですね。「遅《おそ》くなるじゃないかあ！」っていうような感じで、そのいらだちが、ちょっとホルモンに、やはり興奮を呼ぶんかねえ。

## ラフな競技に見えるサッカーにも、実は繊細《せんさい》な面がある

本田圭佑守護霊　あとは、けっこう、こう見えても、サッカーもですねえ、非常に

曲芸《きょくげい》に近いようなところもあって、「微妙な角度」とか、「球の位置」とか「速さ」とか、「転げ方」とか、「風」とか、いろんなものを総合的に計算してる。「角度と速さ」、「蹴り方」とかで、どこへ行くかが決まるところがあるので、すごく繊細《せんさい》でなきゃいけない面もあるんですね。

だから、そんなラフな競技じゃないんですよ。

綾織　そうですよね。

本田圭佑守護霊　だから、まあ、今日も、総裁には申し訳ないけど、両手に〝本田印《じるし》〟で時計を二つ、つけていただいてるんだけども。

綾織　ああ、そうですよね。確かに二つ、つけてますよね。

本田圭佑守護霊　これ、左手だけに時計をつけてると、バランスが……。いつも左手が重いのに慣れて、右手にかかってないと、左右のバランスが崩《くず》れるんですよ。だから、同じ重さをかけてる。要するに、体の重心が、いつも、ちゃんと取れてるかどうかっていうのが非常に大きくて、体が傾《かたむ》いていると、思ったところに蹴ったつもりでも、球が微妙にずれるんですよ。

その微妙なずれ方、ほんとにちょっとしたずれ方で、逸《そ》れていくんですよね。

綾織　うーん。

本田圭佑守護霊　だから、これはもう、芸術の、何て言うの、流鏑馬《やぶさめ》で走りながら当てるのと同じようなもんでしてね。

微妙なんですけど、「体の重心が、今、どこにあるか」っていうのを意識できるかどうかで、球を蹴るのでも、重心が崩れてる段階で蹴った場合、球がどう動くかっていうのは、かなり違《ちが》うので。今、自分の重心がどこにあるかを、いつも意識してないといけないので。「どちら側に傾いてるか」とか、「どの程度、何度傾いてるか」とか計算しないと、思ったところには跳ばないですよ。

綾織　うん。

本田圭佑守護霊　だから、一人でやるときは「自由に」できますけど。要するに、相手が、ディフェンスがいる場合には、それをかわしながらになるんで、そんな簡単ではないですね。

## 「最後のワールドカップ」発言の真意とは

綾織　もしかしたら、病気の関係なのかもしれませんが、「最後のワールドカップ」という言葉もあります。それは、ご自身の体調面からくるものなんでしょうか。

本田圭佑守護霊 「最後のワールドカップ」って言うても、まあ、子供が産まれたところだしな。「最後」って、まあ、それは、うーん……。

綾織 それは、「自分で追い込んでいる」ということなんでしょうか。

本田圭佑守護霊 まあ、それはあれなんじゃないですか。やっぱり、一期一会《いちごいちえ》っていうか、一回一回を最後と思ってやらないと。

綾織 ああ、なるほど。

本田圭佑守護霊 「今回負けたら、次にまた勝てばいい。四年後にまた優勝すればいい」なんて、終わってもいないのに、四年後の優勝を狙《ねら》うなんていうのは駄目なんじゃないですかね。

綾織　ああ、そういうことなんですね。はい。

本田圭佑守護霊　うーん。それは終わったあとで考えるべきことであって、やっぱり、「今回制するのに百パーセント燃焼する」という意味に取ってくれていいんじゃないかなあ。

# 7　本田流「サムライの精神」とは

## 「サッカーを通じて『生きる勇気』を与《あた》えたい」

吉井　先ほどの話と少し前後しますが、「重圧」というお言葉もありましたけども……。

本田圭佑守護霊　重圧はあります。うん。

吉井　その重圧を背負って、日本代表として試合をされているわけですが、本田選手が練習に合流すると、日本代表のなかも引き締《し》まるというような効果があり、リーダー的な役割を果たされていると思います。

そうした重圧があるなかで、本田選手、守護霊様にとって、「日の丸」をつける意味とは何でしょうか。

また、常々《つねづね》、口に出されている「日本が世界を驚《おどろ》かせる」ということは、何のためになされたいのでしょうか。

そして、その情熱は、どこから湧《わ》いてくるのでしょうか。


本田圭佑守護霊　うーん。僕《ぼく》は、サッカーっていう一つの競技を通じての〝あれ〟だけど、何かみんなに、こう、「生きる勇気」っていうかなあ、「励《はげ》まし」っていうかなあ、そういうのを与《あた》えたい気持ちがあるんだよ。

だから、「君らだって可能性はあるよ」っていうところを、メッセージとしてあげたいんで。みんながやれることはサッカーじゃないかもしれないけど、ほかのことかもしんないけど、日本中、下手《へた》したらすぐ鬱《うつ》状態に入るじゃないすか。

まあ、そんななかで、やっぱり大言壮語《たいげんそうご》をしながら、難敵《なんてき》を倒《たお》して、戦い続けて散る場合もあるけど、「散るもサムライ、勝ち残るもサムライ」ですので、そういうサムライ精神みたいなのを体現する人が出てきたら、どこか勇気づけられる人が出てくるんじゃないかなと。私の姿を見て、十年後か二十年後か知らないけど、〝おチビさんたち〟かもしれないけども、何か別なところで、それぞれ目標持ってやっていく人が出てくるんじゃないかなあと。

そんなのを、やっぱり考えてるし、まあ、産まれてきた自分の子供なんかにも、パパが頑張《がんば》ったこの姿、今もフィルムで残ってるからね。これはちゃんと残して見せたいなっていう気持ちはあるねえ。うーん。

「俺《おれ》たちが世界一になったら、日本の国力も上がる」

三宅　愛国心の話も出ましたけれども、以前、「日刊スポーツ」の取材を受けたときに、「今日《こんにち》、日本があるのは、先人《せんじん》の人たちの頑張りのおかげだ」と。

本田圭佑守護霊　うん。うん。

三宅　「俺《おれ》は、愛国心というのか、そういう気持ちが強い」というふうにおっしゃっているんですが、守護霊様から見て、そういった本田選手の思いというのは、どういうふうに伝播《でんぱ》されていくものなんでしょうか。

本田圭佑守護霊　いやあ、うーん、強くならざるをえないね。だって、日本代表っていうことになったら、俺たちが負けるってことは、「日本が負ける」ってことだからね。「日本が世界四十六位の国でいいのか」というところだね。

最近、「(GDPが)二位から三位に落ちた」とか言われてるけど、四十六位まで落ちるのかっていうのは、何かをイメージさせてしまうじゃないですか。結果によってはね。そうであってはならないんであって、「アベノミクス・サッカー版」は、やっぱり、世界一位を目指さないといかんのじゃないですか。

三宅　そのインタビューのなかでも、「本当のスターは、サッカー選手じゃなくて政治家であるべきだ」というようなお話も……。

本田圭佑守護霊　そうそう、そうそうそうそう。うん。

三宅　「日本を引っ張るべきは、本来であれば政治家である」という思いは非常に強いと？

本田圭佑守護霊　いやあ、でも、俺たちが頑張って、もし世界一になったら、日本のGDPだって、グワッと上がるんじゃないか？　みんな、何となく「やる気」が出てきて。

綾織　そうですね。

本田圭佑守護霊　ねえ。やっぱり国が上向《うわむ》くんじゃないすか？　だから、「デフレ脱却《だっきゃく》」をサッカーで実現しようとしてるんですよ。そういう引力圏外《いんりょくけんがい》に出るには、やっぱり、パワーが要《い》るよな。

綾織　はい。

本田圭佑守護霊　やっぱり、国が沸《わ》くと。東京オリンピックがあって、ある意味、すごく日本の復興が進んだこともあったけども、なんか、そういうものが、今、必要なんだと思うんですよ。

だから、ワールドカップか、二〇二〇年のオリンピックか、どっちかかと思うけども、なんかで日本中が沸いて、「もう一回、自信を取り戻《もど》す」みたいなチャンスがあれば、国が大きく変わるチャンスなんで。それが十一人の選手に任されてるっていうのは、すごく光栄なことじゃないですか。〝特攻隊《とっこうたい》〟としても、十一人で国の命運を変えれるなら、すごいことだからねえ。

「強い国・日本になってくれたら、いつ倒《たお》れても悔《く》いはない」

三宅　サムライブルー、サムライジャパンに対して、霊的《れいてき》なパワーというか、異次元の力もしっかり応援《おうえん》が入っていると？

本田圭佑守護霊　いやあ、ほかの国の神様だって、応援してるに決まってるからさあ。そらあ、国際戦だからね。国際戦だし、向こうの代表選手はいちばん強いのが出てきてるんだろうから、少なくとも日本の司令塔《しれいとう》がさあ、よそのトップ選手に「念力《ねんりき》負け」っていうか、「位《くらい》負け」したらいかんと思うからさあ。

「あっちのほうが才能はあると思ってるかもしれないけど、それは世間《せけん》の間違《まちが》いであって、総合力ではこっちが上だ」っていう念力を出し続けて撃破《げきは》しないと、ほかの人たちはついてこれないからね。

綾織　（着ているユニフォームの胸の部分を指して）これは、日本代表のユニフォームですけれども。

本田圭佑守護霊　うーん。いいねえ。

綾織　ここに八咫烏《やたがらす》がシンボルマークとしてありますが、日本神道《しんとう》の神々も、かなりかかわっているのでしょうか。

本田圭佑守護霊　そりゃあ、（掲揚台に）「日の丸が上がるかどうか」っていうのは大きいことでしょうねえ。まあ、今、日本の神様がたはすごく活発化してきているからねえ。すっごい巻き返し……。戦後の、何て言うの、草食系日本人、男子に対して、すごく腹を立ててるからねえ。女子だけが強かったりして、ほんとにねえ。

綾織　女子は、ワールドカップで優勝しました。

本田圭佑守護霊　ねえ。「女子は強い。男子は何だ、この草食系は」っていう感じで。ちょっと今、巻き返しを図《はか》ってるところなんで、なんか象徴《しょうちょう》的なものを求めてるのは間違いないと思うねえ。

だからねえ、サッカーのワールドカップを制してもねえ。けっこう、今、「中国が攻めてくる」だとか何とか、いろいろ防衛論議が盛《さか》んだけど、サッカーで勝っただけでも、戦争に勝ったような気分にはなっちゃうんじゃないですかねえ。

綾織　なります。

adidas
JFA
JAPAN
4

本田圭佑守護霊　国威《こくい》が発揚《はつよう》して、ガーッと上がってくると、「なんか、日本は強いなあ」っていう感じ、イメージが出てくるとさあ、それでけっこう、何て言うの、防衛力っていうか、防衛戦ができてしまうようなところがある。「日本っていうのは、やっぱり、なめちゃいけないんだ」って。

自己卑下《ひげ》してるうちはね、いくらでも悪口が言える。これは経験があるから、自分も分かるのよ。自己卑下して、後ろめたいところがあって、「自分はこんなところが駄目《だめ》なんだ」とか、「負けてばっかりいるんだ」とか、「家のなかにいろいろ複雑な事情があるんだ」とか、言い訳してるうちは、いじめがいっぱいあるんだけど、跳《は》ね返してやってると、そうならなくなるんでね。

どっかで「世界一」っていうのをバシーッと打ち出すことで、日本が、もう一回、復興して、「強い日本」になってくれたら、俺たちは、もう、いつグラウンドで倒《たお》れても悔《く》いはないねえ。

## 8　本田選手の「過去世《かこぜ》」を探《さぐ》る

「俺《おれ》自身が神様なんだ」

綾織　本田選手は、はっきりと、「俺《おれ》は神様がいるのを信じている」と……。

本田圭佑守護霊　うん。そうだ。

綾織　「俺が苦しんだあと、神様は必ずご褒美《ほうび》をくれた」というようなこともおっしゃっていて、「本田選手が信じているもの」というのは……。

本田圭佑守護霊　俺自身が神様なんだ……。

綾織　あ、そういうことですか（笑）（会場笑）。

本田圭佑守護霊　俺自身が神様。

綾織　〝グレート本田〟ですね。

本田圭佑守護霊　俺自身が神様だからさあ。

綾織　なるほど。その神様を信じていると？

本田圭佑守護霊　うん。俺自身が神様だから。

綾織　それで、地上の自分自身に、苦しんだあと、〝ご褒美《ほうび》〟をあげるわけですね。

本田圭佑守護霊　うん。いやあ、俺自身が神様なんだ。俺自身が、今、高天原《たかまがはら》の八百万《やおよろず》の神々の前で「蹴鞠《けまり》」をやってるところだからさあ。神々に見られて、やってるところだから。

過去世《かこぜ》で〝日本版サッカー〟をやっていたことがある？

綾織　今日のお話のなかでは、「サムライ」という言葉が何度も出てきましたが、やはり、そういう存在なんですね？

本田圭佑守護霊　まあ、（転生は）日本は多いことは多いんじゃないの？　日本は多い。まあ、武士もあれば、蹴鞠もやったことがある（笑）。

綾織　少しお公家《くげ》さんっぽいところもありますね。

本田圭佑守護霊　（笑）〝サッカー〟があったんだよ、日本にも。ハハ。

綾織　そうですね（笑）（会場笑）。

本田圭佑守護霊　昔から、伝統芸能なんだよ。

綾織　あれ（蹴鞠）は、けっこう難しいですよね？　普通《ふつう》のボールよりも難しいです。

本田圭佑守護霊　難しいですよ。靴《くつ》が曲がっとるしねえ。球が真《ま》っ直《す》ぐ飛んでくれないからねえ。蹴鞠だって、なかなか大変なのよ。技術は要《い》るのよね。ああいうのをやってる過去世《かこぜ》の努力が実ってくるのよ。
だから、日本が、そんな〝外国産〟のスポーツをやってると思ったら間違《まちが》いだな。

綾織　なるほど。〝日本流〟なんですね。

本田圭佑守護霊　「蹴鞠で磨《みが》き抜《ぬ》いた力でやらないかん」っていうことですねえ。

綾織　ああいう狭《せま》いところでパスをつないでいくと？

本田圭佑守護霊　そう。

綾織　そんな感じになるわけですね（笑）（会場笑）。

本田圭佑守護霊　うーん……、まあ、今の作戦では、「ボロ勝ち」か「ボロ負け」かのどっちかになる可能性が非常に強くて、博打《ばくち》っぽいものがあるけど、それは、牽引車《けんいんしゃ》があればね、何とか破っていけるかなあと思うので。

やっぱり、へこたれない精神は要ると思うし、そうとう走り込《こ》みもしてスタミナをつけたので、何とか、九十分間、集中力が切れないところを見せたいなあと思うけどねえ。

「八咫烏《やたがらす》のように、情報戦に非常に長《た》けた人間だった」

綾織　これを伺《うかが》うのは少し早いかもしれませんが、日本の歴史のなかで、（本田選手の過去世の）名前がチラッと出てくるようなことはあるのでしょうか。

本田圭佑守護霊　うーん、八咫烏《やたがらす》かなんかだったかもしれない。

綾織　あ、いや（笑）、こちらのほうですか。

本田圭佑守護霊　うん、うん（笑）。

綾織　烏《からす》ですか（笑）。

本田圭佑守護霊　まあ、そんなもんかもね。とにかく「先触《さきぶ》れ」だよ。「先触れ」ね。

綾織　はい。

本田圭佑守護霊　「先触れ」ね。その「国開《くにびら》き」を暗示する存在。まあ、そんなのが向いてるな。気持ち的にはね。

綾織　ああ、なるほど。

本田圭佑守護霊　今、日本の〝道案内〟をしようとしてるんだ。

綾織　あ、道案内？　それは、天孫降臨《てんそんこうりん》のときなどの道案内ですか。

本田圭佑守護霊　ええ、だから、今は、「日本の進むべき方向」を、わしが示そうとしてるんだ。

綾織　ほう。

本田圭佑守護霊　まあ、そういう感じかなあ。気持ち的にはね。うーん。

綾織　実際の建国《けんこく》のときに、そういう役割をされたような方なのですか。

本田圭佑守護霊　いや、うーん……。まあ、細かい話になるから〝あれ〟ではあるし、日本の歴史の正史《せいし》には細かく書かれてないかもしれないけれども、やっぱり、大和朝廷《やまとちょうてい》が成り立つには、さまざまな人の緻密《ちみつ》な努力の積み上げがあったわけで、神武《じんむ》天皇ただ一人が戦って建《た》てたわけじゃあないんだっていうことですよねえ。

綾織　まさに、その時代ですか。

本田圭佑守護霊　うーん。存在したということだねえ。

綾織　ほう。では、神武天皇を先導をされた方というわけですね？

本田圭佑守護霊　うーん。八咫烏に象徴《しょうちょう》されているものは何かっていうと、やっぱり、「足の速い人」でなければいけなくて、敵情視察して、走って帰ってこなきゃいけないでしょう。

綾織　はあ。なるほど。

本田圭佑守護霊　だから、そういう「情報戦に非常に長《た》けた人間であった」ということだねえ。足が速くないと駄目《だめ》なんですよ。

綾織　はい。

本田圭佑守護霊　敵に追いつかれるようじゃ駄目なんで。敵中《てきちゅう》深く入って、向こうを見て、その情報を持って、走って帰ってこなきゃいけないから、まあ、〝二倍速〟で走らなければ駄目ですねえ。
その時代には、そういうことをやってたこともあるし、蹴鞠をやったこともあるし……。

「蒙古襲来《もうこしゅうらい》のときにも、勇敢《ゆうかん》に戦った」

本田圭佑守護霊　蒙古襲来《もうこしゅうらい》のときだって、九州で迎《むか》え撃《う》ったことはあります！

綾織　あ、そうですか。

本田圭佑守護霊　やりましたよ、ちゃんと。堂々と迎え撃ちましたよ。私も。

綾織　それも、名前が遺《のこ》っていたりしますか。

本田圭佑守護霊　いや、それは難しいかもしれない。「その他大勢《おおぜい》のなかで、何人を倒《たお》したか」なんていうのが記録で遺ってるかどうかは知らないし、古文書《こもんじょ》を細かく読めば出てくるかもしれないけども、まあ、あなたがたが暗記しているものでは出ないかもしれない。

綾織　ああ、そうですか。

本田圭佑守護霊　でも、やっぱり、防塁《ぼうるい》を築いて、先進国である元《げん》の新兵器に対抗《たいこう》して、何カ月も持ち堪《こた》えたのは事実だし、そのうちに「神風《かみかぜ》」が吹いて、船が沈《しず》んだのも事実なので。「神風」だけで沈んだんじゃない。

やっぱり、あの季節だったら、持ち堪えてれば台風は来るよね？　必ずね。一日で負けちゃったら、もう台風の力なんて効かないけど、一カ月、二カ月と持ち堪えたら、台風は必ず来るからねえ。
だから、「神風」の奇跡《きせき》で勝ったわけじゃない。要するに、防塁で武士が持ち堪えて、敵の新兵器に負けずに奮戦《ふんせん》し、勇敢《ゆうかん》に戦ったからこそ国が守れた。時期的に、今が、ちょっと、そういう感じになってきているのでねえ。

綾織　はい。

本田圭佑守護霊　そういう意味で、日本人の士気《しき》を上げなきゃいけないんで、オリンピックまではちょっと時間があるから、それまで、まずはサッカーで気合いを入れたいところだねえ。

「マレー戦線でパラシュート降下《こうか》した」

綾織　先ほど、「特攻隊《とっこうたい》」という言葉もあったのですが、そういう過去世もあるのでしょうか。

本田圭佑守護霊　ちゃ、ちゃ、ちゃ、ちゃ、ちゃ。特攻隊まで来たかあ。うーん、ここまで来ると、ちょっと身元調べが厳しくなってくるなあ。うーん……（舌打ち）。

綾織　毎日、修行をされている感じを見ると、何か、そういうストイックなところもあるのかなという……。

本田圭佑守護霊　いや、まあ……、特攻隊ではなかったんだけども。

綾織　あ、そうですか。

本田圭佑守護霊　特攻隊ではなかったんだけど、うん、ずばりの特攻隊じゃないなあ。うーん……、特攻隊じゃなくて、マレー戦線で戦った記憶《きおく》があるなあ。だから、パラシュートかなあ。

綾織　「空の神兵《しんぺい》」と言われた空挺《くうてい》部隊がありましたけども。

本田圭佑守護霊　そのなかにいて、パラシュート降下《こうか》をかけてたような気がするなあ。

綾織　はい、空挺部隊ですね。そうですか。

本田圭佑守護霊　うん。だから、先陣《せんじん》切って戦いを挑《いど》むのは、好きは好きなんで。俺は、「日本軍は強い」と思ってるんだ。だから、変な国には負けたくない。

●空の神兵　太平洋戦争初期、マレー半島を拠点として、オランダ領スマトラ島を奇襲した日本軍落下傘部隊の愛称。オランダ資本の製油所等を制圧し、インドネシア独立の端緒となった。

## 各国サッカー選手の「魂《たましい》の系譜《けいふ》」は？

三宅　今、世界のトップチームで一緒《いっしょ》に戦っている香川《かがわ》選手や長友《ながとも》選手も、同じようなソウルメイトなのでしょうか。

本田圭佑守護霊　うーん。彼らはそれぞれヒストリーを持っているし、才能もある方なので、一緒かどうかは分からないけども。

まあ、精神性というか、〝サムライ性〟では俺が一歩リードかな。技術的には、彼らもなかなか立派なものを持ってるから分かんないけどね。俺は、命が惜《お》しくないような現場の経験が、過去世にも何度かあるのでね。

まあ、サッカーで死ぬことはめったにないけど。頭でも蹴られないかぎり、そう簡単に死んだりはしないけど。スパイクで頭を蹴られたら、それは死ぬ可能性もあるけどさ。それはめったにないけど。

まあ、試合で負けるぐらいで命を取られるわけじゃないけども、それぐらいの覚《かく》悟《ご》で、「全責任を背負う」ぐらいのつもりでやっているということだな。

綾織　海外の場合、サッカーの名選手は、どういう魂《たましい》の系譜《けいふ》なのでしょうか。

本田圭佑守護霊　いやあ、それはスペインとか、あの動き見てたら、あれは闘牛士《とうぎゅうし》だよな。

綾織　なるほど、では、生まれ変わってきているわけですね。

本田圭佑守護霊　絶対に過去世は闘牛士だと思う。あの「身のかわし方」を見たら闘牛士しかありえないよ。

これだよね(闘牛士の動作をする)。あのフットワークで抜いていくあれを見たら、絶対に闘牛士だよ。過去世を調べたら、間違いないわ。トップ選手は、ほとんど闘牛士だろ。たぶん、そうだと思う。あれは今でも命懸《いのちが》けだからね。刺《さ》されたらもう終わりですから。布きれだけで、足技《あしわざ》でかわしていくから。たぶん、あれで鍛《きた》えたやつが出てるんだと思う。

「闘牛士 対 蹴鞠《けまり》の戦い」みたいな（会場笑）、そういう感じじゃないですか。

綾織　例えば、サッカー王国でいうと、ブラジルではペレのような名選手がいますけど。

本田圭佑守護霊　うん、いるねえ。

綾織　ああいう方々はどのような魂の経験をされていたんでしょう？

本田圭佑守護霊　まあ、あれは、昔、野獣《やじゅう》と戦っていたんだろうねえ（会場笑）。たぶんそうだと思うな。密林のなかで、野獣と戦ってね。

綾織　アマゾンのなかで（笑）。

本田圭佑守護霊　ものすごい反射神経で、やっぱり獲物《えもの》をしとめなければ、母ちゃんや子供が飢《う》え死にするという、その重圧のなかで戦ってきたんじゃないかなあ。

綾織　確かに、そういう雰囲気《ふんいき》はありますね（笑）。

本田圭佑守護霊　たぶんそうだと思う。あれは「狩《か》り」で鍛えた体だと思いますね。

綾織　狩りで（笑）。

# 9 「俺《おれ》はサッカー界のソクラテス」

## 「型破りな日本人がいろんな方面に出てくることが大事」

吉井　本田選手に、ぜひお伺《うかが》いしたいことで、「夢ノート」のことがあります。
　オフシーズンの際に、サッカー教室を開いて、そこに集まる子供たちに、夢の重要性を訴《うった》えられたりしていますが、これは、今の日本の教育にも必要なことかと思うのです。本田選手のように、ACミランという国際的な最前線のチームで戦っていけるような人材を出していくために、今、日本の教育に何を追加していくべきだと考えていらっしゃいますか。

本田圭佑守護霊　夢と言うと、すぐに野球の大リーガーだよね。大リーグに行って活躍《かつやく》すれば報道されるし、新聞にも載《の》るし、テレビにも出るので、子供はあちらのほうを思い浮《う》かべる。

だけど、「サッカーだって、十分、夢になるんだよ」というところはあるし、ほかにも、世界に羽ばたく夢はいっぱいありえると思うんだよね。

今、日本のいちばんの問題は、「引っ込《こ》み思案《じあん》」だし、「縮《ちぢ》み思考」で目立たないようにして、発言を控《ひか》えて、自分から言わずに、責任回避《かいひ》しようとする感じかな。「護送船団方式」と言われている横並び方式みたいなのが、すごく強いじゃないですか。

やっぱり、その型を破らなければいけないなと思う。

「型破りの日本人」が、いろんな方面に出てくることが大事なんじゃないかねえ。

だから、みんなと同じことをしてるだけじゃ駄目《だめ》で、突き抜けていかないと駄目なんじゃないかなあ。そういうことを感じますねえ。

## 「イチロー選手より僕《ぼく》のほうが積極的だ」

綾織　今のACミランでも、そうなのですけれども、自分の考えをガンガン主張し、かつ、相手のことも聞きながらやっています。イタリア語を、まだ学び始めたばかりだと思いますが、テレビ番組では、イタリア語で、どんどん主張している映像が映っていました。

本田圭佑守護霊　でしょ？　でしょ？　イチロー選手が、アメリカに渡《わた》って何年たつかは知らないけども、英語でしゃべってるのが流れないね？

綾織　そうですね（苦笑）。

本田圭佑守護霊　ねえ？　映らないところではしゃべってるのかもしれないけど、

テレビで流れるところでは、日本語をしゃべってるね？　ね？　やっぱり、僕《ぼく》のほうが、積極的だっていうことだと思うんだよなあ。チャレンジングだっていうことだと思う。

綾織　監督《かんとく》にも、ある意味で、ガンガン議論をふっかけていて、ともすれば、監督批判にも聞こえるような感じもあるのですけれども（笑）、それでも、何度も何度も話をされています。

本田圭佑守護霊　自己主張の強い日本人っていうのは、日本では嫌《きら》われるけども、やっぱり、世界では、それをやらないかぎり通じないっていうの？

綾織　はい。

本田圭佑守護霊　やっぱり、メンタリティーとしては、勉強してほしいからねえ。自分で言わなかったら、やっぱり……。エースは自分で勝ち取るもんだよね。自分で勝ち取らないと、じーっと待ってたら、他人にさらっていかれるだけだよねえ。だから、勝負は自分でかけなきゃ。

「戦って、勝って、エースになる」っていうのはあるけど、「エースになりたいと言って、エースになる」っていうのもあるよね。あるいは、「最後、みんなに推《お》されて、エースになる」っていうのもある。なり方は、いろいろあると思うけど、自分で「なりたい」と言ってなると、それには重圧がかかるし、責任もかかる。

綾織　ええ。

本田圭佑守護霊　だけど、自分としては、「成長する幅《はば》」は、すごくある感じはするよねえ。

「心理学も宗教パワーも、いろいろ勉強している」

綾織　本田選手の話で、これは面白《おもしろ》いと思ったのですけれども、「先に人格をつくってしまう。そして、その人格になり切って振《ふ》る舞《ま》っていけば、いつの間にか、現実が重なってくる」というふうに……。

本田圭佑守護霊　そうなんだよ！　だから、意外にね、心理学を勉強してるのよ。

綾織　ああ。

本田圭佑守護霊　心理学っていうのは、「悲しいから泣くんじゃなくて、泣くから悲しいんだ」「うれしいから笑うんじゃなくて、笑うからうれしくなるんだ」って……、まあ、だいたい、これが心理学の基本で、ウィリアム・ジェームズが言ってることじゃないですか。

綾織　はい。

本田圭佑守護霊　だから、笑ってる人を見て、悲しいとは誰《だれ》も思わないでしょう？　笑ってる人を見て、周りの人が、「ああ、うれしいんだな」と思う。そうしたら、笑ってる人を見ると、みんなも、笑みを絶《た》やさずに、笑い返してくるでしょう？　そうすると、やっぱり、うれしいように見えてくるじゃん。

泣いてたらさあ、ほかの人も、「悲しそうな顔をしなきゃ悪い」と思って、お相伴《しょうばん》で、泣いて見せたりするじゃない。そうすると、本当に悲しくなってくるよね？　嘘泣《うそな》きだったのが、本当に悲しくなってくるよねえ。

そういうのがあるし、心理学でも、そう言われてるから、それを十分に使ってるし、心理学を超《こ》えて、宗教のパワーでも、そういう考え方は、たくさんあって……、「引き寄せの法則」とか、その他、「積極思考」とか、いろいろなものがあるから、それを勉強してるしね。

今、あなたがたも、いろいろな教えを展開しておられるけど、それを学んでることもあるし、守護霊とか、あの世の霊の話も、たくさん出てきてるので、「ああ、そうなんだ。霊存在、霊的なパワーっていうものもあるんだ」っていうことを、「秘密の武器」にして戦いたいなあと……。

綾織　それは、本田選手が、地上で学んでいらっしゃるのですか。

本田圭佑守護霊　うん？　そうそう、そうそうそうそう。

綾織　本田選手が学んでいる？

本田圭佑守護霊　そうそうそうそうそう。だから学んだよ。いやあ、「サッカー界のソクラテス」なんだよ。

綾織　おお。なるほど（笑）。

本田圭佑守護霊　ソクラテスは、自分の守護霊、守護神と対話しながら、いろいろなことについて、「正しいか、正しくないか」と判断してたように、俺《おれ》も、「サッカー界のソクラテス」であって、自分の、まあ守護霊というよりは、偉《えら》すぎるから、守護神《しん》かな？　守護神と対話しながら、自分の方針を決めてるわけよ。

「大航海時代に、サッカーの本場を実地検分《じっちけんぶん》した」

綾織　なるほど。

ところで、先ほど「伝道師」という話もありましたけれども、過去世では、そういうご経験もあるのでしょうか。「戦い」という部分では、兵隊や武士などがありましたけれども……。

本田圭佑守護霊　なんか、日本以外も、ちょっとあることはあるので……。

綾織　はい。

本田圭佑守護霊　日本以外に生まれたことも、まあ、あることはあるし、わりに新しいもの好きではあるので。

だから、地球が丸いことを証明しようとしてた時代があるじゃないですか。大航海時代だっけ？

綾織　はいはい。

本田圭佑守護霊　な？　あの大航海時代なんかには、いわゆる、サッカーの本場あたりを、けっこう経験はしていて……。

綾織　南米のほうまで行ったわけですか。

本田圭佑守護霊　ええ。スペイン、ポルトガルのほうから、南米のほうまで？

綾織　はいはいはい。

本田圭佑守護霊　ええ、両方、実地検分《じっちけんぶん》してるねえ。うん。

綾織　それは……。

本田圭佑守護霊　船員としてね。

綾織　船員として?

本田圭佑守護霊　ふははは。あははははははは。

綾織　では、マゼランとか。

本田圭佑守護霊　いや、そんな〝偉い名前〟を出さないでくださいよ。

綾織　その下にいた一人ですかね?

本田圭佑守護霊　もう、そんな〝偉い名前〟を出さないでください。歴史に名前が遺《のこ》っちゃうじゃないですか。

綾織　はい、はい。

本田圭佑守護霊　そんな偉くはないけれども、まあ、うーん、「世界を股《また》にかける」っていう夢は持ってたね。

綾織　ああ。

本田圭佑守護霊　だから、大航海時代に、実際に他の外国へ行ってみた経験はあるし、ちょうど、スペインとかポルトガルとかが、すごく強かったころだよね。うーん、行ってたことがあるね。

綾織　「伝道師」という言葉からすると、もう少し宗教的な仕事もある可能性がありますか。

本田圭佑守護霊　まあ、そう考えてもらってもいい。

綾織　ああ、そうですか。

本田圭佑守護霊　そらあ、宣教師と一緒《いっしょ》だったから。一体でやってたので、そういう役割を担《にな》う場合もあったかなあ。

だから、「商業」と「宣教」とかが一緒になってたからね。あと、「船乗り」が、全部〝一体〟の「軍隊」が「伝道」してたのよ、あの時代はね。

綾織　そうですね。

吉井　そのときに、日本に立ち寄られたことはありますか。

本田圭佑守護霊　日本に寄ったかなあ？　うーん、そらあ、よく航海日誌を読まんと分からんわなあ。覚えてないけど、うーん、どうだったかなあ。寄ったかなあ？

吉井　鉄砲《てっぽう》とか関係がありますか。

本田圭佑守護霊　いや、日本は、なかなか寄れない国じゃなかったっけ？　何となく、中南米のほうに行ったような、あちらのほうだった気がするけどなあ。

「プロサッカーは『忍耐《にんたい》の法』と『未来の法』ですよ」

三宅　二〇一四年は、「忍耐《にんたい》」という言葉がトレンドワードなんですけれども。

本田圭佑守護霊　ほお、ほお。わしのためにあるような言葉だ。

三宅　そうですよね（笑）。今回、この「忍耐」という言葉に対しては、どのように？

本田圭佑守護霊　いや、そのとおりだと思うよ。うん、忍耐っすよ。だからねえ、入らないシュートを打ち続けてる。毎回試合やっててねえ、三カ月も入らないっていうのは耐《た》えられないよ。野球だって、三カ月も打てないっていうことはないでしょ？　スランプといったって、たまには当たるでしょう、たまにはね。たまには一塁打《いちるいだ》ぐらい出るでしょ。（サッカーは）入らないっていうことがあるからね。

だから、（大川隆法の本には）「忍耐だ」とあるけど、自分を信じなきゃいけない。自分の実力を信じて、「これだけ練習してたら、必ずどっかでは芽が出てくるんだ」と。今は調子が悪いかもしれないけど。

その調子が悪い原因のところを克服《こくふく》したら、チームに慣れるとか、新しいところの風土に慣れるとか、あるいは、言語、イタリア語の勉強を週四日もやったりしてたら、それでも十分疲《つか》れるしね。頭脳も疲れるし、「早くしゃべれるようになりたい」って、焦《あせ》りもくるしね。それから、足を傷《いた》めたら、早く治したいしね。痛いけど、監督に「出ろ」と言われたら出なきゃいけないところもあるし、出た以上は万全《ばんぜん》のふりをしなきゃいけないし。

まあ、いろんなものはあるけど、やっぱり、プロのスポーツ選手としたら、「忍耐」っていうのは避《さ》けて通れないことだと思うね。

『忍耐の法』でしょ、今年。去年は『未来の法』（幸福の科学出版刊）でしょ？　まあ、両方とも大事。だから、『忍耐の法』と『未来の法』ですよ、プロサッカーは。まさしくそうですよ。「思い」によって未来は開く。そして、「忍耐」によって耐え忍《しの》んで実力をつけ、耐え、しのぎ切る。両方要《い》りますよ。そのとおりです……。そのとおりです。

幸福の科学さんが、今、日本を引っ張っていらっしゃる。私も引っ張る。うん、そのとおり。

## 過去世で「グラディエーター」だったことがある？

綾織　なるほど。今、イタリアで活躍されているので、一点だけ教えてもらいたいのですが、先ほど、「グラディエーター（剣闘士）」という言葉もありましたけれども、もしかしたら、イタリアでの転生《てんしょう》もあったりするのでしょうか。

本田圭佑守護霊　うーん、グラディエーターみたいっていうようなとこ。だから、「八咫烏《やたがらす》」から「蹴鞠《けまり》」まで、（年代が）ちょっと開いてるね。

綾織　そうですね。これは、イタリア人にとっては重要な情報なのでは（笑）。

本田圭佑守護霊　グラディエーターの場合は、でも、いちおう捕虜《ほりょ》というか、まあ、そういう扱《あつか》いだわね。

綾織　まあ、そうですね。奴隷《どれい》の扱いです。

本田圭佑守護霊　奴隷階級に身を落として、売られて、戦って殺し合うか、動物とやるかっていうことだからね。

グラディエーターっていうのが、そんなに地位が高かったかっていうと、あんまり高かったわけではないから、まあ、そんなうれしい〝あれ〟ではないか。「（映画主演の）ラッセル・クロウみたいなグラディエーターだ」って言われるなら、まあ、それならいいかなあ。うん、うん。

綾織　そうですね。

本田圭佑守護霊　うん、それならいいかもしれないけど。

綾織　そんな感じですか。

本田圭佑守護霊　あのくらいなら、まあ、いい感じかなあ。だけど、何て言うの、普通《ふつう》の殺され役のグラディエーターなら、ライオンに食われたりする役とか、そんなのだったら拒絶《きょぜつ》するなあ。うん。そういうエース級のだったら、あると言ってもいいかもしれない。

「自分で自分のキャリアを築く志向が大事」

吉井　先ほど、サッカー界の哲学者《てつがく》で、ソクラテスだと……。

本田圭佑守護霊　ああ、そう、そう、そう、そう。プライベートとは、だいぶ違《ちが》うんだよ。

吉井　そうですね。けっこう違うんですけども……。

本田圭佑守護霊　ああ、実は、こうでなあ。「大ぼら吹き」だもんで。

吉井　ええ、本田選手は、ご自分を非常によく知っていて、ある意味で、キャリアパスを着実につくっているところがあるように思います。

本田圭佑守護霊　うん。

吉井　ガンバ大阪《おおさか》のジュニアユースから、ユースに上がれなかったことも、一つの挫折《ざせつ》体験だと言われているのですが、そこで、すぐに切り替《か》えて、「強豪《きょうごう》校で、かつ、自分に合うサッカーがあるところはどこか」と相談し、星稜《せいりょう》高校を選んでいます。

本田圭佑守護霊　うん。

吉井　ほかには、海外移籍《いせき》をする際にも、「やはり、自分が出なきゃいけない」ということで、いきなりイングランドとかではなく、まず、オランダに行ってステップアップをして……。

本田圭佑守護霊　うん、うん、うん、うん。

吉井　ロシア、イタリアと行っているわけです。

本田圭佑守護霊　うーん。

吉井　このように、己《おのれ》を知って、自分の持っているものを最大限に生かして道を切り開いていく秘訣《ひけつ》というか、心構えというものは、どういうものなのでしょうか。

本田圭佑守護霊　まあ、小学校時代に、両親の離婚《りこん》で母親を失って、兄弟で父親の側についたので。

うーん、心の傷を負った少年がねえ、やっぱり、わざわざサッカーをするために北陸の高校まで行ったり、大学も経《へ》ないで海外へ行って、「オランダだ、ロシアだ、イタリアだ」ってなったら、大学で外国語を勉強した人だって怖《こわ》いでしょう。こんな職業だったら、なかなかできないかもしれなくて、怖いと思うんだけど、そういう怖いところに身を投じて、やっぱりやってきたっていうところに、何て言うか、「なにくそ！」っていう負けじ魂《たましい》っていうかなあ、まあ、そういうものはあったよね。

まあ、両親が丈夫《じょうぶ》な体に産んでくれたし、肉食獣《じゅう》は、だいたい体が大きくて気が強いところがあるからね。体が大きい部分で、多少、普通の日本人より体力があるように思ったところもあって、それが「行動力」に転化したのかもしれないとは思うけどねえ。

なんか、自分を試《ため》していくっていうか、戦って、自分で自分のキャリアを築いていくっていうか、そういう志向は強くあったわねえ。だから、それを目指さなきゃ駄目だ。自分で探して、どの道があるかっていう検討をして、ちょっとでも近づいていくっていうか、にじり寄っていくっていうか、それが大事だね。

# 10　守護霊から「本田選手」へのメッセージ

## 「どこからでも攻撃《こうげき》できるチームにしていきたい」

綾織　ありがとうございます。
　最後に、本田選手ご本人も、ＡＣミランのなかで苦境にあるのは間違《まちが》いありませんし、ご本人と対話されているとは思うのですが、直接的に何かアドバイスがあるようでしたらお願いします。

本田圭佑守護霊　そうだねえ。まあ、日本人にしては、外人並みの体格があって、向こうのぶつかりとか、あんなのに強いところはメリットとしてはあるんだけど。うーん、確かに「シャープさ」は少し足りない部分があるので、〝魔術師《まじゅつし》〟みたいなところが足りない部分はあるわなあ。

だから、ここは、天性《てんせい》のものとして乗り越《こ》えられないのかどうかは分からない。努力で乗り越えられるのかどうか、あるいは、努力の種類っていうか、訓練で乗り越えられるのかどうか、ちょっと分からないところはあると思うけど。

まあ、いつまでも現役《げんえき》でサッカーがやれるとは思ってないし、長い人生でいろいろな経験をするとは思うけどね。家族も養わなきゃいけないので。まあ、現役でいつまでもできるとは思ってない。私も、監督《かんとく》をしたり、いろいろするかもしれないし、分からないけども。

今、考えてることは、そうだねえ。脳で判断して、手足に指令が行って、敏捷《びんしょう》に動く、その速度の部分が、若干《じゃっかん》、外国の一流選手というか、トップ選手に比べて、ちょっと鈍《にぶ》いんだよな。これをどうカバーするかっていうところが、今、問題なんですよね。日本人同士だから、チーム力で、「それを何とか超《こ》えられないか」っていうところを、今、訓練してるとこなんだけど。

個人のあれで行くと、やっぱり、ちょっと才能的にやや敵《かな》わない面は、どうしてもあるので、チーム力で、日本人の持っている「以心伝心《いしんでんしん》」力みたいな感じの、ものを言わなくてもお互《たが》いに考えてることが伝わるみたいに、うまーく「シナジー効果」をつくって、有機的につながるようなサッカーができたらいいなあ。

できたら、日本チームがボールを保有している時間が半分を超えて長くなってほしいし、パスがつながる回数も増やしたいし、シュートの本数も増やしたいし、まあ、チャンスをできるだけ多くつくるしかないなあ。

だから、個人技《わざ》だけで行くと、どうしても、頭のてっぺんから、手足の先まで指令が行くのに、ちょっとだけ〝遅《おそ》い感じ〟がしてしかたがないのでね。これは、動物性が強い人のほうがうまいのかなあという気がするので、それをチームとしての攻撃《こうげき》パターンに上手に乗せて、組み立てていけるっていうか、みんなでつくっていけるような、ローマの重装歩兵《じゅうそうほへい》みたいに、密集して戦えるような強さが発揮できたらいいなあと。

ただ、チームの戦法がはっきり出すぎているので、どっかでこれを破る方法をあっさり編《あ》み出されて、ほかがまねしたら、もう勝てなくなる可能性もある。そのときの心配がないわけじゃないけども、できたら有機的にコンビネーションでどっからでも攻《せ》めていけるようにしたいね。

あんまりＮＨＫは認めないそうだけど、〝ツチノコ戦法〟で、「頭を打てば尾《お》が来る。尾を打てば頭が来る」みたいな感じの、どっからでも攻撃できるようなサッカーチームに持っていきたいなあと思ってんだけどねえ。

「今回のワールドカップで最高の自分を出したい」

綾織　ＡＣミランでも、そういう連動性ができてくれば活躍《かつやく》できるという感じなんですかね？

本田圭佑守護霊　うーん、「言葉」と「人格」がね、若干違うからねえ。そのへんが通じにくいっていうか、外国選手も自我が強いので。みんな、「俺《おれ》にやらせろ！」みたいなのが強くて、それぞれが、「俺を主役にしろ」っていうようなところがあるので、なかなかそれを説き伏《ふ》せるのが難しいからねえ。監督のほうも、「誰《だれ》のプライドが強いか」を見ながら、采配《さいはい》を振《ふ》るっているようなところもあるからねえ。

いずれにしても、今回のワールドカップで「最高の自分を出したいなあ」とは思っています。

その後のことについては、続きがあるかどうか。まだ二十代ではあるから、終わりではないかもしれないけども、体力的にはやや下《くだ》ってくるかなあと。まあ、三十あたりが下りにはなるので、今がいちばんいいあたりで、ギリギリかなあとは思ってるけどねえ。

綾織　はい。ありがとうございます。ぜひ、「サムライ精神」を見せつけてほしいと思います。

本田圭佑守護霊　うん。僕《ぼく》は頑張《がんば》る。僕は僕なりに頑張る。君たちの仕事が残っている。神風《かみかぜ》を吹《ふ》かすことだ。

綾織　あ、そうですね（笑）。

本田圭佑守護霊　これは君たちの仕事やなあ。しっかり祈禱《きとう》をしてくれ。

綾織　検討させていただきます（笑）。

本田圭佑守護霊　それが駄目《だめ》。そこで大口を叩《たた》かなきゃ駄目じゃない。

綾織　分かりました（笑）。

本田圭佑守護霊　うんうん。あなたのつくっている雑誌（「ザ・リバティ」）の表紙をめくったら、「日本優勝の予想！」とかいうて、バーッと一面に出る。「責任は編集長にあり」ということでね？　他誌に先駆《さきが》けて優勝宣言するとかね。できないか？

綾織　何とか、やってみたいと思います（笑）（会場笑）。

本田圭佑守護霊　客観性がない？　まあ、ほかのチームを研究すればするほど「強そう」に見えるからねえ。

綾織　そうですね。

本田圭佑守護霊　そこが〝きつい〟ところなんですよ。そこを乗り越えなきゃいけないんだよなあ。

だから、俺たちが優勝するようだったら、あなたがたも世界的に有名な教団になるだろうな、きっとな。

綾織　え？　そこは直接、連動していないと思うんですけれども（笑）。

本田圭佑守護霊　これは連動するんじゃないかなあ。やっぱり、「神の国・日本」をつくろうとしているところは一緒《いっしょ》だからね。

綾織　はい。それはそうですね。〝神様の応援《おうえん》〟を受けながら、私たちも頑張ります。

本田圭佑守護霊　「追い風を吹かすこと」が大事だね。何とかお互い日本の〝刺激《しげき》剤《ざい》〟になりたいもんだね。

綾織　そうですね。頑張りたいと思います。ぜひ、「日本復活の先触《さきぶ》れ」となるようお願いいたします。

本田圭佑守護霊　うん。じゃあ、頑張らせてもらいます。

綾織　はい。ありがとうございます。

## 11　本田圭佑守護霊インタビューを終えて

大川隆法　（手を二回叩《たた》く）というようなことで、この人は、足だけではなくて、もしかしたら、〝口〟でも、何とか食べていける人でしょうか（笑）（会場笑）。

綾織　そうですね。

大川隆法　言いますね。

綾織　はい。

大川隆法　いろいろ言うので、「語録」はできるかもしれません。イチローさんのほうが、よほど寡黙《かもく》です。本田さんは、面白《おもしろ》いことを言うものの、袋叩《ふくろだた》きにも遭《あ》いやすいタイプではあるので。実績が残せなければ、つらいことはつらいでしょう。

しかし、この人は大事なのではないでしょうか。今、「守りのサッカー」から、「攻めのサッカー」に変えようとしているのですから、こういう人がいないとできないでしょう。

綾織　かなり、リスクを取ってやっていると思います。

大川隆法　そうですね、ぜひ成功していただきたいですね。

ただ、私の予想では、どのくらい行くのかは分かりません。サッカーはあまり詳《くわ》しくないので、戦力分析《ぶんせき》が十分にできていないですし、全日本チームが、どのチームと、どう当たっていくのかも、よくは知らないので、分からないのですが、外国のチームを幾《いく》つか見たところは、「かなり強そうだな」と、やはり感じるものがありました。その意味で、「当たりによっては、なかなか厳しいかな」とは思うのです。しかし、気持ち的には、「ベスト8までには入ってもらいたいな」とは思いますし、できれば、「ベスト4ぐらいまで入ってくれると、ありがたい。そういう追い風を吹《ふ》かせる力になれたらな」と思います。

この本が出るかどうかは、幸福の科学出版の社長が〝寝《ね》かせ〟たら、それで終わりですので、出るかどうかは分かりませんが、もし、これが力になって、「神通力《じんつうりき》」のようなものが働いて、本人が神業《かみわざ》みたいな動きを示してくれたりするといいですね。

この人は、要するに、〝サッカーにおける信仰《しんこう》〟を広めようとしているようで、「周りの人が、自分を信じてくれれば動く」という感じのようですので、そういう意味で、この霊言集《れいげんしゅう》が、何か、そうした「信仰を集める力」を出して、「チームメイトをまとめる力」とか、「神秘性」になったら、ありがたいですね。

この本は、イタリア語に翻訳《ほんやく》しなければいけないでしょうか（笑）。ともかく、何かの役に立てば、ありがたいと思います。

一同　ありがとうございます。

## あとがき

サッカーの試合はいつしか始まり、いつしか終わるだろう。しかし、日本のサムライ精神は不滅だ。

世界の大舞台で活躍する前のエースの守護霊に、本心インタビューできたことはとても嬉《うれ》しい仕事だった。

私自身も近年、ブラジル最大のホールで大講演会をしたことが忘れられない。ブラジルの人たちの心は熱い。

日本が再び上昇気流に乗る大舞台になることを期待する。

最後に、本田選手をはじめ、香川選手や長友選手ら、チームの全員に、日本からも勝利祈願して、愛国心が立派に花開くことを心から祈る。

二〇一四年　六月十一日

幸福《こうふく》の科学《かがく》グループ創始者兼総裁《そうししゃけんそうさい》　大川隆法《おおかわりゅうほう》

『サッカー日本代表エース 本田圭佑守護霊インタビュー』 大川隆法著作関連書籍

『忍耐の法』（幸福の科学出版刊）
『未来の法』（同右）
『常勝思考』（同右）
『天才打者イチロー 4000本ヒットの秘密』（同右）

サッカー日本代表《にほんだいひょう》エース 本田《ほんだ》圭佑《けいすけ》守護霊《しゅごれい》インタビュー

――心の力で未来を勝ち取れ！――

2014年 6 月13日　初版第 1 刷

著　者　　大《おお》 川《かわ》 隆《りゅう》 法《ほう》

発行所　　幸福の科学出版株式会社

〒107-0052 東京都港区赤坂 2 丁目 10 番 14 号
TEL(03)5573-7700
http://www.irhpress.co.jp/

印刷・製本　株式会社 東京研文社

落丁・乱丁本はおとりかえいたします

ISBN978-4-86395-487-8 C0075
写真：EPA ＝時事／日刊スポーツ/アフロ／ YUTAKA/アフロスポーツ

## 大川隆法霊言シリーズ・成功の秘密を探る

# 天才打者イチロー 4000本ヒットの秘密
### プロフェッショナルの守護霊は語る

イチローの守護霊が明かした一流になるための秘訣とは? 内に秘めたミステリアスなイチローの本心が、ついに明らかに。過去世は戦国時代の剣豪。

1,400円

---

# 堺雅人の守護霊が語る 誰も知らない「人気絶頂男の秘密」

個性的な脇役から空前の大ヒットドラマの主役への躍進。いま話題の人気俳優・堺雅人の素顔に迫る110分間の守護霊インタビュー!

1,400円

---

# 魅せる技術
### 女優・菅野美穂 守護霊メッセージ

どんな役も変幻自在に演じる演技派女優・菅野美穂——。人を惹きつける秘訣や堺雅人との結婚秘話など、その知られざる素顔を守護霊が明かす。

1,400円

※表示価格は本体価格(税別)です。

## 大川隆法 霊言シリーズ・最新刊

### 副総理・財務大臣<br>麻生太郎の守護霊インタビュー

**安倍政権のキーマンが語る「国家経営論」**

教育、防衛、消費増税、福祉、原発、STAP 細胞問題など、麻生太郎副総理・財務大臣の「国会やマスコミでは語れない本心」に迫る!

1,400円

### 元大蔵大臣・三塚博<br>「政治家の使命」を語る

政治家は、国民の声、神仏の声に耳を傾けよ! 自民党清和会元会長が天上界から語る「政治と信仰」、そして後輩議員たちへの熱きメッセージ。

1,400円

### 文部科学大臣・下村博文<br>守護霊インタビュー

大事なのは、財務省の予算、マスコミのムード!? 現職文科大臣の守護霊が語る衝撃の本音とは? 崇教真光初代教え主・岡田光玉の霊言を同時収録。

1,400円

幸福の科学出版

# 幸福の科学グループのご案内

**宗教、教育、政治、出版などの活動を通じて、地球的ユートピアの実現を目指しています。**

## 宗教法人　幸福の科学

一九八六年に立宗。一九九一年に宗教法人格を取得。信仰の対象は、地球系霊団の最高大霊、主エル・カンターレ。世界百カ国以上の国々に信者を持ち、全人類救済という尊い使命のもと、信者は、「愛」と「悟り」と「ユートピア建設」の教えの実践、伝道に励んでいます。

（二〇一四年六月現在）

## 愛

幸福の科学の「愛」とは、与える愛です。これは、仏教の慈悲《じひ》や布施《ふせ》の精神と同じことです。信者は、仏法真理をお伝えすることを通して、多くの方に幸福な人生を送っていただくための活動に励んでいます。

## 悟り

「悟り」とは、自らが仏の子であることを知るということです。教学《きょうがく》や精神統一によって心を磨き、智慧《ちえ》を得て悩みを解決すると共に、天使・菩薩《ぼさつ》の境地を目指し、より多くの人を救える力を身につけていきます。

## ユートピア建設

私たち人間は、地上に理想世界を建設するという尊い使命を持って生まれてきています。社会の悪を押しとどめ、善を推し進めるために、信者はさまざまな活動に積極的に参加しています。

海外支援・災害支援

国内外の世界で貧困や災害、心の病で苦しんでいる人々に対しては、現地メンバーや支援団体と連携して、物心両面にわたり、あらゆる手段で手を差し伸べています。

自殺を減らそうキャンペーン

年間約３万人の自殺者を減らすため、全国各地で街頭キャンペーンを展開しています。

公式サイト www.withyou-hs.net

ヘレンの会

ヘレン・ケラーを理想として活動する、ハンディキャップを持つ方とボランティアの会です。視聴覚障害者、肢体不自由な方々に仏法真理を学んでいただくための、さまざまなサポートをしています。

公式サイト www.helen-hs.net

INFORMATION

お近くの精舎・支部・拠点など、お問い合わせは、こちらまで！

**幸福の科学サービスセンター**

TEL. **03-5793-1727** (受付時間 火～金：10～20時／土・日：10～18時)

宗教法人 幸福の科学 公式サイト **happy-science.jp**

# 教育

## 学校法人 幸福の科学学園

学校法人 幸福の科学学園は、幸福の科学の教育理念のもとにつくられた教育機関です。人間にとって最も大切な宗教教育の導入を通じて精神性を高めながら、ユートピア建設に貢献する人材輩出を目指しています。

**幸福の科学学園**

**中学校・高等学校（那須本校）**
2010年4月開校・栃木県那須郡（男女共学・全寮制）
TEL **0287-75-7777**
公式サイト **happy-science.ac.jp**

**関西中学校・高等学校（関西校）**
2013年4月開校・滋賀県大津市（男女共学・寮及び通学）
TEL **077-573-7774**
公式サイト **kansai.happy-science.ac.jp**

幸福の科学大学（仮称・設置認可申請中）
2015年開学予定
TEL **03-6277-7248**（幸福の科学 大学準備室）
公式サイト **university.happy-science.jp**

**仏法真理塾「サクセスNo.1」** TEL **03-5750-0747**（東京本校）
小・中・高校生が、信仰教育を基礎にしながら、「勉強も『心の修行』」と考えて学んでいます。

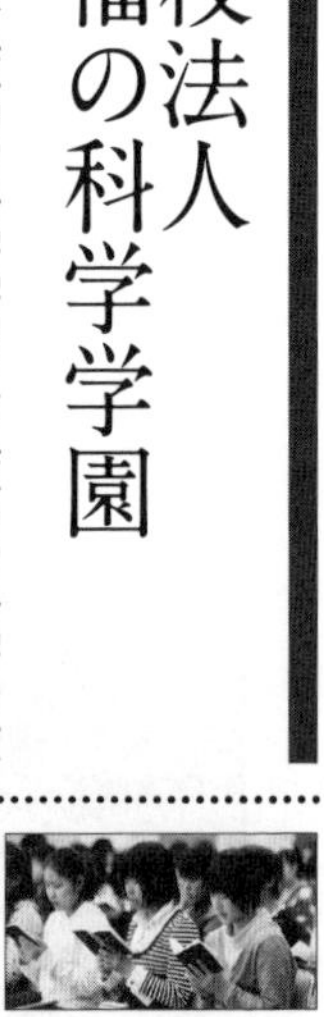

**不登校児支援スクール「ネバー・マインド」** TEL **03-5750-1741**
心の面からのアプローチを重視して、不登校の子供たちを支援しています。
また、障害児支援の**「ユー・アー・エンゼル！」**運動も行っています。

**エンゼルプランV** TEL **03-5750-0757**
幼少時からの心の教育を大切にして、信仰をベースにした幼児教育を行っています。

**シニア・プラン21** TEL **03-6384-0778**
希望に満ちた生涯現役人生のために、年齢を問わず、多くの方が学んでいます。

学校からのいじめ追放を目指し、さまざまな社会提言をしています。また、各地でのシンポジウムや学校への啓発ポスター掲示等に取り組むNPO「いじめから子供を守ろう！ネットワーク」を支援しています。

公式サイト **mamoro.org**
相談窓口 **TEL.03-5719-2170**
ブログ **mamoro.blog86.fc2.com**

政治

## 幸福実現党

内《ない》憂《ゆう》外《がい》患《かん》の国難に立ち向かうべく、二〇〇九年五月に幸福実現党を立党しました。創立者である大川隆法党総裁の精神的指導のもと、宗教だけでは解決できない問題に取り組み、幸福を具体化するための力になっています。

党員の機関紙
「幸福実現NEWS」

TEL 03-6441-0754
公式サイト hr-party.jp

出版
メディア
事業

## 幸福の科学出版

大川隆法総裁の仏法真理の書を中心に、ビジネス、自己啓発、小説など、さまざまなジャンルの書籍・雑誌を出版しています。他にも、映画事業、文学・学術発展のための振興事業、テレビ・ラジオ番組の提供など、幸福の科学文化を広げる事業を行っています。

アー・ユー・ハッピー?
are-you-happy.com

ザ・リバティ
the-liberty.com

幸福の科学出版
TEL 03-5573-7700
公式サイト irhpress.co.jp

THE FACT

ザ・ファクト
マスコミが報道しない
「事実」を世界に伝える
ネット・オピニオン番組

Youtubeにて
随時好評配信中!

ザ・ファクト 検索

# 入会のご案内

## あなたも、幸福の科学に集い、<br>ほんとうの幸福を<br>見つけてみませんか？

幸福の科学では、大川隆法総裁が説く仏法真理をもとに、
「どうすれば幸福になれるのか、また、
他の人を幸福にできるのか」を学び、実践しています。

### 入会

大川隆法総裁の教えを信じ、学ぼうとする方なら、どなたでも入会できます。入会された方には、『入会版「正心法語」』が授与されます。（入会の奉納は1,000円目安です）

**ネット**でも**入会**
できます。詳しくは、
下記URLへ。
**happy-science.jp/joinus**

### 三帰《さんき》誓願《せいがん》

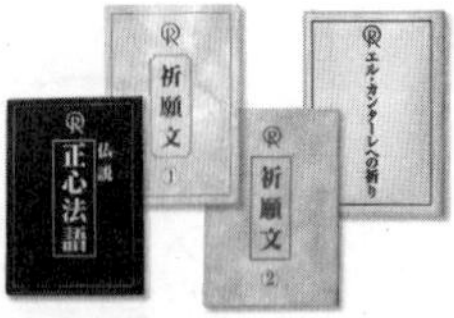


仏弟子としてさらに信仰を深めたい方は、仏・法・僧の三宝への帰依を誓う「三帰誓願式」を受けることができます。三帰誓願者には、『仏説・正心法語』『祈願文①』『祈願文②』『エル・カンターレへの祈り』が授与されます。

### 植福《しょくふく》の会

植福は、ユートピア建設のために、自分の富を差し出す尊い布施の行為です。布施の機会として、毎月1口1,000円からお申込みいただける、「植福の会」がございます。

「植福の会」に参加された方のうちご希望の方には、幸福の科学の小冊子（毎月1回）をお送りいたします。詳しくは、下記の電話番号までお問い合わせください。

月刊「幸福の科学」

ザ・伝道

ヤング・ブッダ

ヘルメス・エンゼルズ

| INFORMATION | **幸福の科学サービスセンター**<br>TEL. **03-5793-1727**（受付時間 火〜金：10〜20時／土・日：10〜18時）<br>宗教法人 幸福の科学 公式サイト **happy-science.jp** |
| --- | --- |